Königs Erläuterungen und Materialien
Band 366/67

Erläuterungen zu

Friedrich Dürrenmatt

Der Besuch der alten Dame

von Reinhard Kästler

C. Bange Verlag – Hollfeld

8,90

2. Auflage 1991
ISBN 3-8044-0359-X

Druck: Beyer-Druck, Langgasse 23, Hollfeld

Inhalt

Vorbemerkungen

Auch in Dürrenmatts elfter Komödie „Der Meteor“ geht es anders zu, als üblich: „Für gewöhnlich stehen die Toten im Theater erst auf, wenn der Vorhang gefallen ist. Schwitter aufersteht, als sich der Vorhang hebt“ erläutert der Dichter seinen Grundeinfall.
Solche Einfälle des sichtbar Wohlgenährten mit dem schweizerisch-doppelbödigen Spitznamen „Dürri“ verblüffen seit jeher ein erstauntes und nicht selten konsterniertes Publikum.
Als Moralist und Satiriker beruft sich Dürrenmatt auf namhafte literarische Ahnen: Aristophanes, Nestroy, Wedekind. Im Formalen gibt sich Brechtscher Einfluß zu erkennen: die Parabel als Stückmodell, Songs, Verfremdungseffekte, thesenhafte Pointierung. Unkonventionell, von widerborstiger Befindlichkeit, ausgestattet mit szenischer Phantasie, experimentierfreudig und skeptisch-ironisch macht er der bürgerlichen Welt den Prozeß auf dem Theater; denn tatsächlich bedienen sich seine Stücke nicht selten der Form gerichtlicher Verfahren. Bei aller markanten Gesellschaftskritik seines Werkes, läßt sich der Dichter vor keinen fremden Karren spannen – mag er noch so signalfarben drapiert sein.
Kapitalismus, Atombombe, Weltrevolution, Vaterlandskult, Humanitätsverweigerung werden – um es in Anlehnung an ein Mehring-Wort über die Aufklärung zu formulieren – vor den Richterstuhl einer kritischen Vernunft zitiert. Daß Dürrenmatts literarische Instrumente ungewöhnlich seien, darin ist man sich einig. Ob sie der Größe des jeweiligen Themas ästhetisch angemessen erscheinen, wird gelegentlich in Frage gestellt. Die Farce, Groteskes, handfester Kabarettulk und vordergründig spannende Kriminalstorys gehören ganz selbstverständlich zum Repertoire.
Vom Interviewer der DDR-Tagespostille „Neues Deutschland“ im Frühjahr 1987 gefragt, wie er denn den Anfang des 21. Jahrhunderts sehe, antwortet der Schweizer: „Ich hoffe, daß er stattfindet“.
Dafür gewirkt zu haben, als Komödienschreiber, Romancier, Essayist und auch als politischer Mensch, werden die Zeitgenossen Friedrich

Dürrenmatt bestätigen müssen, um so nachdrücklicher, je vertrauter ihnen seine Produktion wird.
„Der Besuch der alten Dame“ und „Die Physiker“ sind die mit Abstand erfolgreichsten beiden Komödien aus Dürrenmatts Feder.

Biographische Daten Friedrich Dürrenmatts

1921 Friedrich (Fritz) Dürrenmatt am 5. Januar in Konolfingen (Bern) nach zwölfjähriger Kinderlosigkeit in der Ehe seiner Eltern geboren; zur Familie gehört eine an Kindes Statt angenommene Adoptivschwester; drei Jahre später wird seine leibliche Schwester Vroni geboren;
Vater: Reinhold Dürrenmatt, ev. Pfarrer;
Mutter: Hulda Dürrenmatt-Zimmermann

1933–35 Besuch der Sekundarschule im benachbarten Großhöchstetten

1935 Umzug der Familie nach Bern, Tätigkeit des Vaters am Salemspital und am Berner Diakonissinnenheim; Besuch der Abteilung A des Freien Gymnasiums, nach zweieinhalb Jahren Schulwechsel ans Humboldtianum in Bern

1941–45 Maturitätsprüfung; Beginn des Philosophiestudiums; 1. Semester in Zürich; einige weitere in Bern mit dem Hören literarischer und naturwissenschaftlicher Vorlesungen verbunden; vorzeitiger Abbruch des Studiums;

1943 Beginn der schriftstellerischen Arbeit, „Komödie“ (ein ungedruckt gebliebenes Theaterstück) und zwei Erzählungen

1945 Die Erzählung „Der Alte“ erscheint als erste Publikation im Berner „Bund“

1946–48 Aufenthalt in Basel

1947 Heirat mit der Schauspielerin Lotti Geissler

1948–52	Aufenthalt in Ligerz am Bieler See; freier Schriftsteller in beengten materiellen Verhältnissen; zuckerkrank
1952	Uraufführung des Stückes „Die Ehe des Herrn Mississippi“ im März bringt den Durchbruch; Erwerb eines Hauses in Neuchâtel; zur Familie gehören die Kinder Peter, Barbara und Ruth
1959	Amerika-Reise; Verleihung des Schiller-Preises in Mannheim; Dürrenmatt benutzt die Rede über Schiller, um seine Position gegenüber Brecht abzugrenzen
1960	Englandreise
1961	Reise nach Berlin; ständig parallele Produktion als Schriftsteller und Maler bzw. Zeichner
1964	Reise in die UdSSR; Einladung aus Anlaß des 150. Todestages des ukrainischen Nationaldichters Schewchenko
1968	Dürrenmatt spricht vor Studenten in Mainz und fordert die Trennung von Kunst und Politik; Eintritt in die Direktion des Stadttheaters Basel, Übernahme der künstlerischen Leitung zusammen mit Regisseur Werner Düggelin; Tätigkeit als Regisseur und Dramaturg; Bearbeitung des Shakespearestückes „König Johann“
1969	Bearbeitung von Strindbergs 'Totentanz' als Spiel: 'Play Strindberg'; schwere Erkrankung im April; Ausscheiden aus der Basler Theaterleitung nach internen Auseinandersetzungen; als Dürrenmatt den „Großen Literaturpreis der Stadt Bern“ erhält, kritisiert er scharf die Kulturpolitik der Preisverleiher und gibt den Preis weiter an drei progressive Intellektuelle seiner Wahl: „den Schriftsteller Sergius

Golowin, der die inoffizielle Geschichte der Schweiz erforscht hat, an den Journalisten Ignaz Vogel, weil er die Zeitschrift 'Neutralität' redigiert hat, die die Schweiz 'nicht als Ausrede, sondern ernst' nimmt, und an den Berner Großrat Arthur Vogel, der die Idee des zivilen Ersatzdienstes politisch verfochten hat".[1)]
Verleihung der Ehrendoktorwürde (Doctor of Literature) der Temple Universität Philadelphia (USA)

1970 Austritt zusammen mit Max Frisch und zwanzig weiteren Autoren aus dem Schweizer Schriftsteller-Verein wegen grundsätzlicher Differenzen um das 'Zivilverteidigungsbuch'

1971 Beendigung der Tätigkeit eines Mitherausgebers des Züricher 'Sonntags–Journals', die seit 1969 ausgeübt worden ist

1972 Dürrenmatt inszeniert Büchners 'Woyzeck' in Zürich

1974 Der Staat Israel trägt Dürrenmatt eine Ehrenprofessur an;

1975 Erscheinen des umfangreichen Essays 'Zusammenhänge. Essay über Israel. Eine Konzeption'

1977 Komödie um den Tod des Diktators Franco 'Die Frist' zeigt eine neue Dimension geschichtlicher Konkretheit

1983 Österreichischer Staatspreis für Europäische Literatur

---

1) Jan Knopf, Friedrich Dürrenmatt, S. 133

1987 Dürrenmatt nimmt wie Max Frisch an einem „Internationalen Forum für den Frieden“ im Februar in Moskau teil; über seine Arbeit erklärt er in einem Zeitungsinterview: „Ich schreibe an einem schier endlosen Prosawerk. Aber es ist kein Roman, sondern mein Werk beschäftigt sich hauptsächlich mit philosophischen Fragen.“[2)]

---

2) Neues Deutschland, 21./22. März 1987, S. 6

Ausgewählte Daten zur Bibliographie

1943 „Komödie“ (Komödie)

1945 Der Alte (Erzählung)

1947 Es steht geschrieben (Tragi-Komödie)

1948 Der Blinde (Drama)

1949 Romulus der Große (Komödie)
Pilatus (Erzählung)

1950 Der Richter und sein Henker (Kriminalroman)
Der Nihilist (Erzählung)

1951 Der Verdacht (Kriminalroman)
Der Prozeß um des Esels Schatten (Hörspiel)

1952 Die Ehe des Herrn Mississippi (Komödie)
Anmerkungen zur Komödie
Nächtliches Gespräch mit einem verachteten Menschen (Einakter)
Stranitzky und der Nationalheld (Hörspiel)
Die Stadt (Prosa-Sammelband)

1953 Ein Engel kommt nach Babylon (Komödie)

1954 Herkules und der Stall des Augias (Hörspiel)

1955 Grieche sucht Griechin („Prosa-Komödie“)
Theaterprobleme (Komödientheorie)
Das Unternehmen der Wega (Hörspiel)

1956 Der Besuch der alten Dame (Komödie)
Die Panne (Hörspiel, Erzählung)
Der Beruf des Schriftstellers
Vom Sinn der Dichtung in unserer Zeit

1957 Abendstunde im Spätherbst (Hörspiel)
Mississippi II
Romulus II
„Komödien" I

1958 Es geschah am hellichten Tag (Filmdrehbuch)
Das Versprechen (Roman)

1959 Frank V. (Gangsterspiel)
Schiller-Rede
Amerikanisches und europäisches Drama

1960 Der Doppelgänger

1961 Die Ehe des Herrn Mississippi (Filmdrehbuch)

1962 Die Physiker (Komödie)
„Hörspiele"

1963 Herkules und der Stall des Augias (Neufassung als Festspiel)
Die Heimat im Plakat (Zeichnungen)
Die Hochzeit der Helvetia mit dem Merkur (Szenische Kantate für das Kabarett)

1964 Frank V. II
„Komödien" II

1966 Der Meteor (Komödie)
Theater-Schriften und Reden

1967 Die Wiedertäufer (Neufassung von 'Es steht geschrieben')

1968 König Johann (nach Shakespeare)

1969 Play Strindberg (nach Strindbergs 'Totentanz')
Monstervortrag über Gerechtigkeit und Recht nebst einem helvetischen Zwischenspiel. Eine kleine Dramaturgie der Politik

1970 Porträt eines Planeten (Komödie)
Urfaust (nach Goethe)
Sätze aus Amerika
Titus Andronicus (nach Shakespeare)

1971 Der Sturz (Erzählung)
„Komödien" III

1973 Der Mitmacher (Komödie)

1974/5 Nachwort zu 'Der Mitmacher'
Stoffe. Zur Geschichte meiner Schriftstellerei

1976 Zusammenhänge. Essay über Israel. Eine Konzeption

1977 Die Frist (Komödie)

1980 Frist II

1982 Justiz (Roman)

1983 Achterloo (Komödie)

„Uns kommt nur noch die Komödie bei“ – der Dramatiker Dürrenmatt

Die Uraufführung von 'Die Ehe des Herrn Mississippi' im März 1952 bescherte ein erstes Aufhorchen der Theaterwelt. Spätestens seit dem Welterfolg der „tragischen Komödie“ von 1956 'Der Besuch der alten Dame' zählt Dürrenmatt zu den bemerkenswertesten Dramatikern deutscher Zunge im „Atomzeitalter“, das er nur noch in der Komödie für darstellbar hält.
Ein gutes Dutzend seiner Stücke tragen denn auch diese Genre-Bezeichnung. Sie stehen in der Tradition des ersten bekannten Komödiendichters Aristophanes (445 – 368 v. Chr.) insofern, als auch sie einen ernsten gesellschaftlichen Hintergrund erkennen lassen.
Wo sich der Grieche um den Bestand des Staatswesens sorgte, das durch die mangelnde Eintracht der freien Bürger gefährdet schien, sorgt sich der Schweizer um den Bestand des Individuums inmitten einer Welt, die von Unbeherrschbarem beherrscht wird.
Dürrenmatts Komödienbegriff ist stark beeinflußt vom Wiener Volkstheater, das auch auf andere Schweizer Bühnenautoren – zum Beispiel Max Frisch – nicht ohne Wirkung geblieben ist. Seine Stücke bergen Groteskes und Paradoxes, sie bedienen sich der Montage, der Parodie, der Desillusionierung des Zuschauers. In ihnen lebt auch das Erbe fort von Wedekind, Sternheim und Pirandello. Ein kennzeichnendes Merkmal Dürrenmattscher Bühnendichtung ist die Literarisierung des Trivialen: Kabarett-Späße, Bänkelsängerhaftes, Kriminalistisches und Revue-Elemente beleben die Szene.
Unübersehbar ist der Einfluß, den Bertolt Brecht auf Dürrenmatt ausgeübt hat. Einige seiner Komödien variieren Brechtsche Themen. Die Verwandtschaft der „Physiker“ zum Galilei-Stoff liegt auf der Hand. Gewisse Parallelen zwischen dem von Paul Burkhard komponierten Gangsterspiel 'Frank V.' und der 'Dreigroschenoper' zeichnen sich überaus deutlich ab: „Eglis Prolog schon: 'Leider habt ihr oft vernommen/Daß die Welt nicht nach dem Wunsch der Frommen/Daß die Reichen reich und die Armen arm/Und Gott erbarm/In Bälde sich un-

serer Kälte...' oder dann der Chor aus der achten Szene und schließlich Päulis Verse: 'Wer da hat, dem wird gegeben/Wer nichts hat, der stiehlt dann eben' sind reinster Brecht, vielleicht mit ein wenig Cornichon-Zusatz."[3)]

In nahezu allen Komödien Dürrenmatts finden sich Brechtsche Formelemente. Aber in keinem einzigen seiner Bühnenwerke bezieht der Schweizer Brechtsche Positionen.

Der Klassenkämpfer Brecht hielt die moderne Welt nur für beschreibbar, wenn sie als veränderbar beschrieben wird, wie er 1955 in den Darmstädter Gesprächen postulierte. Der Individualist Dürrenmatt teilt zwar mit Brecht die Auffassung, daß die Welt veränderungsbedürftig sei; aber er hegt massive Zweifel daran, daß dies gelingen könnte, angesichts des moralischen Antlitzes dieser Welt und ihrer Menschen. So benutzt er die Gelegenheit der Mannheimer Schillerpreis-Rede von 1959, um sich von Brecht eindeutig, ja barsch, zu distanzieren: „Dürrenmatts Antwort ist radikal im Sinne seines gesellschaftskritischen Theaters: 'Die Welt hat sich nicht so sehr durch ihre politischen Revolutionen verändert, wie man behauptet, sondern durch die Explosion der Menschheit ins Milliardenhafte, durch die notwendige Aufrichtung der Maschinenwelt, durch die zwangsläufige Verwandlung der Vaterländer in Staaten, der Völker in Massen, der Vaterlandsliebe in eine Treue der Firma gegenüber. Der alte Glaubenssatz der Revolutionäre, daß der Mensch die Welt verändern könne und müsse, ist für den einzelnen unrealisierbar geworden, außer Kurs gesetzt, der Satz ist nur noch für die Menge brauchbar, als Schlagwort, als politisches Dynamit, als Antrieb der Massen, als Hoffnung für die grauen Armeen der Hungernden.' Dürrenmatt ist weit weg vom Moralisieren; es geht ihm um die Konsequenzen, die aus der gegenwärtigen Realität für das Theater zu ziehen sind; er zieht sie mit den 'Physikern'."[4)]

---

3) Hans Bänziger, Frisch und Dürrenmatt, S. 181

4) Jan Knopf, Friedrich Dürrenmatt, S. 98 f.

So bleibt das wichtigste Thema der Dürrenmattschen Komödienwelt der einzelne Mensch in seiner Gefährdung durch jene Mächte, die sich die Menschen selbst geschaffen haben und die sie nicht zu beherrschen vermögen: Reichtum, Macht, Atomdrohung. Die Figuren seiner Stücke versagen als schwache Individuen. Ihr Grundgestus ist die Ohnmacht gegenüber einer unerklärbaren und unbeherrschbaren Welt. Unheiteres gelangt zur Anschauung, dargeboten mit den theatralischen Instrumenten des Heiteren, betont bitter und fast immer ohne Hoffnung. Hart, konsequent und klar zielen diese Komödien auf das Erschrecken eines saturierten Publikums, auf das Entlarven latenter Bedrohungen. Der Abschied von bequemen Täuschungen, die Suche nach Abhilfe soll provoziert werden. Wie Max Frisch hält auch Friedrich Dürrenmatt die bewegenden Fragestellungen eines Moralisten bereit. Wie Max Frisch hütet er sich, seinem Publikum vorgefertigte Gesellschafts-Rezepturen aufzunötigen.

„Dürrenmatts Stücke gewinnen ihren 'Komödien'-Charakter weitgehend aus dem Kontrast zu den Konventionen überlieferter Genres, vor allem der Tragödie. Sie sind – das wird man vor allem anderen sagen müssen – Produkte einer elementaren Lust an der Opposition. Keines von ihnen, das nicht die Freude des Autors am Andersmachen, am Sich-Absetzen von einem Vorgegebenen bezeugte. Doch nicht nur das: Ebenso deutlich werden die Kalamitäten des Spätgeborenen, der sich von bereits geformten Stoffen umstellt und in seinen produktiven Möglichkeiten eingeschränkt sieht; und deutlich wird schließlich der Zweifel an der Übertragbarkeit tradierter literarischer Modelle auf eine Gegenwart, die 'auf dem letzten Loch pfeift'. Zum schöpferischen Motiv geworden, gibt dieser Zweifel Dürrenmatts Fiktionen neben dem negativen einen positiven Bezugspunkt: die 'Gegenwart'. Um dieses Zweifels willen sind sie nicht nur genußvolle Demonstration der 'Freiheit', des bloßen Andersmachens schlechthin, sondern bewußt korrigierende Gegenbilder" lesen wir bei Ulrich Profitlich.[5)]

5) Ulrich Profitlich, Friedrich Dürrenmatt. Komödienbegriff und Komödienstruktur. Eine Einführung, S. 57 – Da es der Rahmen unserer Betrachtungen nicht erlaubt, dem Komödienbegriff Dürrenmatts ausführlicher nachzufragen, seien speziell interessierte Leser auf diese verdienstvolle Arbeit hingewiesen, welche als Band 86 in der Reihe 'Sprache und Literatur' im Verlag W. Kohlhammer erschienen ist.

Erste Begegnungen mit der Bühne hat der junge Theaterkritiker der Schweizer Zeitschrift „Weltwoche". Als er sein erstes Stück am 19. April 1947 in Zürich – das Wiedertäuferdrama 'Es steht geschrieben' – über die Bühnenbretter schickt, gelingt es ihm dennoch nicht, zu überzeugen. Mit einer gehörigen Portion Selbstironie erinnert sich Dürrenmatt – inzwischen längst arriviert – mehr als zwanzig Jahre danach: „Ich verließ die Universität, ohne meine Studien abgeschlossen zu haben, und mein erstes Stück verursachte einen Skandal. Von diesem glücklichen Start lebe ich noch heute: Die Zuschauer pfiffen, statt zu gähnen."[6)]

Nach der „ungeschichtlichen historischen Komödie" 'Romulus der Große', die 1949 uraufgeführt und später mehrmals bearbeitet wird – zuletzt 1964 – bringt 'Die Ehe des Herrn Mississippi' 1952 den ersten größeren – auch materiell nennenswerten – Erfolg. 1953 folgt 'Ein Engel kommt nach Babylon' – ein Stück um Nebukadnezar und den Turmbau zu Babel – bevor wenige Jahre später der große Wurf gelingt: 'Der Besuch der alten Dame'. Die „Oper einer Privatbank", wie das 1959 uraufgeführte Stück 'Frank V.' im Untertitel heißt, wird von der Kritik äußerst ablehnend aufgenommen. Man sieht darin eine „schlechte Imitation" (Marianne Kesting) der Brechtschen 'Dreigroschenoper' und erhebt den Vorwurf der Trivialisierung.
Diese pauschale Frontbildung ist fast einhellig. Lediglich Elisabeth Brock-Sulzer wendet sich dagegen. Sie nennt das Stück „ein geniales, aber höchst gewagtes Werk, das nur schwer anzubringen ist. Es stößt leicht auf gefährliche Mißverständnisse."[7)]Und sie betont, 'Frank V.' sei „zur Erkenntnis von Dürrenmatts Kunst unerläßlich."[8)]
Manfred Durzak weist von einem überaus interessanten Ansatz her nach, daß Dürrenmatt „in Frank dem Fünften Folgerungen aus Prämissen zieht, die sich in Brechts Dreigroschenoper andeuten."[9)]

---

6) zitiert nach: Jan Knopf, Friedrich Dürrenmatt, S. 18
7) Elisabeth Brock–Sulzer, Dürrenmatt in unserer Zeit, S. 37
8) ebenda, S. 39
9) Manfred Durzak, Dürrenmatt. Frisch. Weiss, S. 107

Erst 1962 kann Friedrich Dürrenmatt mit den 'Physikern' wieder an den Geniestreich seines Güllen-Stückes anschließen. Als 1966 'Der Meteor' uraufgeführt wird, reagiert eine vorsichtige Öffentlichkeit – wohl auch verschreckt durch szenisch Provozierendes – überaus skeptisch. „Etwas, das einfällt" überschreibt 'Der Spiegel' seine Uraufführungs-Besprechung, in der es heißt: „In Zürich inszenierten der Schauspielhaus-Direktor Leopold Lindtberg und der Autor den 'Meteor'. Dürrenmatt: 'Zwei Regisseure sind besser als einer.' Regie-Ergebnis: ein schreierischer Wort-Abtausch in einem langweiligen Sterbe-Kabarett. Das Publikum applaudierte dem matt erleuchteten Sternstück, das am 9. Februar in München und Hamburg zugleich in der Bundesrepublik erstaufgeführt wird, trotzdem ausdauernd – elf Minuten lang. Fünf Jung–Schweizer pfiffen auf Dürrenmatt."[10)]
Später gelangt die Kritik einhellig zu der Auffassung, es handle sich um ein für Dürrenmatts Schaffen bedeutsames Werk, wie differenzierte Wertungen zeigen: „eine konzentrierte Komödie" (Armin Arnold), „charakteristisches Werk" (Manfred Durzak), „ausgesprochener Erfolg" (Hans Bänziger), „Theater in seiner Größe" (Elisabeth Brock-Sulzer).

In den folgenden Jahren wirkt Dürrenmatt vorwiegend als Bearbeiter: Er schreibt sein Wiedertäuferstück um, bearbeitet Shakespeare, Strindberg, Goethe und Lessings 'Minna von Barnhelm', welch letzteres Beginnen dazu beiträgt, die Zusammenarbeit mit Düggelin in der Spielzeit 1969/70 abzubrechen.

Als eine Art Revue, die aus locker gefügten Szenen besteht, zeigt das 1970 in Düsseldorf uraufgeführte 'Porträt eines Planeten' jene Tendenz der Dürrenmattschen Spätdramatik zur Ablösung der Fabel zugunsten einer stärkeren Betonung dramatischer Strukturen, die gleichsam auf das Modellhafte zielt. Nicht mehr der menschliche Konflikt und seine dramatische Lösung stehen im Blickpunkt, son-

---

10) Der Spiegel, 20. Jg./Nr. 5, 24. Januar 1966, S. 88

dern die Sinnlosigkeit der Lebenstechniken, wie sie Geschichte und Politik verkörpern.
Die 1977 uraufgeführte Komödie 'Die Frist' knüpft an den Tod des spanischen Diktators Franco eine philosophische Erörterung um Macht, Machtmißbrauch und Korruption von Menschen und Institutionen im Dienste der Macht.
Auch mit der letzten seiner Komödien 'Achterloo', die 1983 uraufgeführt worden ist, gelingt es Dürrenmatt nicht, an die bedeutenden Erfolge nach der Jahrhundertmitte anzuknüpfen. Geblieben ist das zentrale Motiv der Hoffnungslosigkeit. Die abschließende Szene zeigt eine Klinik mit der Figur des legendären Sigmund Freud, die explodierend zum theatralischen Knalleffekt verkommt.
Wenngleich wir hier nur einige der Stücke Friedrich Dürrenmatts Revue passieren lassen, bleibt neben der Bühnendramatik aus gutem Grunde die Funkdramatik zu erwähnen. „Man erkennt bei ihm, daß das Hörspiel eine ursprüngliche, nicht bloß durch das technische Mittel des Rundfunks bedingte literarische Form bedeutet"[11)] anerkennt Hans Bänziger.

Für das Hörspiel 'Die Panne' wurde ihm 1956 der deutsche 'Hörspielpreis der Kriegsblinden' zuerkannt. Zwei Jahre später bekam Dürrenmatt für 'Abendstunde im Spätherbst' den bedeutendsten internationalen Hörspielpreis 'Prix d' Italia'.

Ein Hinweis auf wichtige Arbeiten zur Theorie der Bühnendichtung mag diese Einführung abrunden, in welcher der Prosaerzähler, Romanautor und Essayist keinerlei Würdigung erfahren hat. Wir entnehmen diesem Teil seines Werks als Selbstzeugnis das Bekenntnis des Dichters zur Komödienform: „Die Tragödie setzt Schuld, Not, Maß, Übersicht, Verantwortung voraus. In der Wurstelei unseres Jahrhunderts, in diesem Kehraus der weißen Rasse, gibt es keine Verantwortlichen mehr. Alle können nichts dafür und haben es nicht gewollt.

11) Hans Bänziger, Frisch und Dürrenmatt, S. 162

Es geht wirklich ohne jeden. Alles wird mitgerissen und bleibt in irgendeinem Rechen hängen. Wir sind zu kollektiv schuldig, zu kollektiv gebettet in die Sünden unserer Väter und Vorväter. Wir sind nur noch Kindeskinder. Das ist unser Pech, nicht unsere Schuld: Schuld gibt es nur noch als persönliche Leistung, als **religiöse** Tat. Uns kommt nur noch die Komödie bei."[12)]

12) Elisabeth Brock–Sulzer (Hg.), Theater–Schriften und Reden, S. 122

DER BESUCH DER ALTEN DAME

Werkgeschichte

Die dramatischen Parabeln Max Frischs und Friedrich Dürrenmatts erlangen in der zweiten Hälfte der fünfziger Jahre im Theaterleben der Bundesrepublik eine weit nachhaltigere Bedeutung als in der Autorenheimat Schweiz.
In der produktiven Auseinandersetzung mit der Pariser Avantgarde des Absurden – Beckett, Adamov, Ionesco – auf der einen und Brecht auf der anderen Seite, erreichen sie eigenständigen literaturgeschichtlichen Rang als kritisch-realistische Gegenwartsdramatik, der es zu jener Zeit an Vergleichbarem auf deutschen Bühnen gebricht.
Bewegende Fragen werden aufgeworfen, die haargenau den Nerv der gesellschaftlichen Befindlichkeit treffen: „Auf den Spuren Brechts findet sich in der Parabel jene dramatische Form, die besonders geeignet ist, Grundsätzliches auf allgemeingültige Weise zu betrachten: die Verantwortung des Wissenschaftlers in Dürrenmatts 'Die Physiker', die Bedrohung durch Mechanismen diktatorischer Herrschaft in Frischs 'Andorra'. Auch das 1958 aufgeführte Parabelstück 'Biedermann und die Brandstifter', eine Entlarvung bürgerlicher Willfährigkeit, zeigt jene generalisierende Sehweise ....“[13)]

Dürrenmatts 'Der Besuch der alten Dame', dem Thema der Hochkonjunktur zugeordnet, bildet einen Eckpfeiler dieser epochalen Erfolgsserie. Sie zeigt übrigens, aufs Ganze gesehen, die Tendenz zum Zurückweichen vor definitiver Genre–Kennzeichnung. 'Lehrstück ohne Lehre', 'Stück in zwölf Bildern', 'Eine tragische Komödie...' heißt es da – und nur im Falle der 'Physiker' bekennt der Autor ohne Winkelzüge, einer 'Komödie in zwei Akten' auf die Bühnenbretter zu helfen. Vorbei scheint die Gültigkeit der reinen Lehre: hier Komik, da Tragik,

---

13) Reinhard Kästler, Max Frisch. Biedermann und die Brandstifter .... S.5.

hier Schau-, da Singspiel. Ein Trend zeichnet sich ab, den Manfred Durzak mit Blick auf die Romanciers Böll, Grass und Johnson in anderem Zusammenhang konstatiert: „Die literarische Gattung, in der die Autoren schreiben, ist ihnen selbst in ihrer Traditionsverwurzelung suspekt geworden. Beim Versuch, diese von der Tradition verstellte Form für sich fruchtbar zu machen, kommt es zugleich zum Versuch einer Definition der Aufgaben dieser Form bezogen auf ihren individuellen Fall.“[14)]

Heute, drei Jahrzehnte nachdem 'Der Besuch der alten Dame' uraufgeführt worden ist, scheint die Zeit-Wirkung von Literatur dahin. „Was kann Literatur eigentlich noch bewirken?“ fragt eine der renommiertesten Zeitungen Deutschlands im Feuilleton und resigniert mit Kernsätzen wie diesen: „Auf die politische Rolle der Literatur angesprochen, hörte man Satiren, Sarkasmen und Zähneknirschen (.......) Angeekelt, aber ausführlich beschaut die Literatur heute ihren eigenen Nabel (.......) fast stets ist ihr Grundgestus das the(a)tralische Zurschaustellen des Leidens der Kunst.“[15)]

Verglichen damit, präsentiert sich die europäische Szene der Jahrhundertmitte als der gesellschaftlichen Sensibilisierung durch Literatur ausgesprochen bedürftig, und es muß uns nicht wundernehmen, daß gerade Schweizer Autoren diesem Bedürfnis als erste entsprechen: „Die vom Krieg verschont gebliebene Schweiz machte die allgemeine Entwicklung zur Wohlstandsgesellschaft in Westeuropa schneller und rapider durch als die Nachbarländer (......) In der unzerstörten Schweiz wurde schneller offenbar, was in den anderen westeuropäischen Ländern, voran die Bundesrepublik noch lange kaschiert wurde: daß der Umbau des kleinen, landwirtschaftlichen Landes in einen modernen Industriestaat nicht nur Aufbau, sondern vor allem auch Zerstörung hieß, Zerstörung einer menschlichen, über-

14) Manfred Durzak, Der deutsche Roman der Gegenwart, S. 15

15) Hermann Kurzke, Fluchthelfer und Nestbeschmutzer, in: Frankfurter Allgemeine Zeitung, 14. März 1987, Nr. 62, S. 27

schaubaren, natürlichen, aber auch besonders schönen Landschaft zugunsten einer abgezirkelten, scheinbar sauberen, planen Industriewelt.
Die Schweizer reagierten auch schneller und kritischer auf die allgemeine Entwicklung der westlichen Welt, die nicht nur den Menschen zum Insassen degradiert, sondern auch anfängt, Kultur und Historie zu beseitigen."[16]

Im 'Werkstattgespräch' mit Horst Bienek gibt Friedrich Dürrenmatt Auskunft darüber, wie er zu seinem Güllen–Stück angeregt worden ist: „Zuerst hatte ich den Grundeinfall zur Story, zur Geschichte. Ich versuchte, eine Novelle zu schreiben. Titel: Mondfinsternis. Die Geschichte spielte sich in einem Bergdorf ab, aus Amerika kehrte ein Auswanderer heim und nahm Rache an seinem alten Rivalen. Das war die erste Phase. Dann die zweite: Aus dem Auswanderer wurde eine Frau: die Multimilliardärin Claire Zachanassian. Aus dem Bergdorf Güllen. Hier kann ich nun den Werdegang des Stückes genauer angeben. Dramaturgisch stellte sich fürs erste das Problem: Wie bringe ich eine Kleinstadt auf die Bühne? Ich fuhr damals öfters von Neuenburg, wo ich wohne, nach Bern. Der Schnellzug hält jedesmal ein- oder zweimal bei kleinen Bahnhöfchen. Neben diesen Bahnhöfchen, diesen Bahnhofsgebäuden, ist eine kleine Bedürfnisanstalt. Es ist also ein sehr typisches Bild für kleine Bahnhöfe, dies läßt sich schon als Bild für die Bühne sehr gut verwenden. Nun ist ja der Bahnhof der Ort, den man zuerst sieht, wenn man in eine Stadt geht, dort muß man ankommen. Der Zuschauer kommt mit dem Bahnhof gleichsam in Güllen an.

Dann war als dramaturgisches Problem zu lösen: Wie stelle ich nun die Armut dar? Allein zum Beispiel, indem ich die Menschen zerlumpt herumlaufen lasse, das genügt ja nicht, der ganze Ort muß verarmt sein. Und so kam ich auf die Idee, daß ich die Schnellzüge eben dort

16) Jan Knopf, Friedrich Dürrenmatt, S. 89

nicht mehr habe anhalten lassen, einmal hielten sie an, nun nicht mehr. Der Ort ist also gesunken. Weiter stellt sich nun die Frage, wie kommt dann eine Milliardärin an? Kommt sie nun mit einem Bummelzug? Ich hätte sie selbstverständlich in einem Extrazug ankommen lassen, aber es ist natürlich viel eleganter, wenn sie die Notbremse zieht. Milliardärinnen können sich das ja leisten. Doch nun, wenn ich schon eine Milliardärin mit dem Zug ankommen lasse, warum eigentlich mit dem Zug? Warum ist sie nicht mit dem Auto gekommen? Und hier, aus dieser Zwangslage, weil ich ja den Bahnhof unbedingt haben wollte als Theatermilieu, kam ich auf die Idee, die Milliardärin kommt mit dem Zug an, weil sie einmal einen Autounfall gehabt und nun eine Beinprothese besitzt und nicht mehr Auto fahren kann. So entstehen, wie sie aus diesen Beispielen sehen können, aus Theaternotwendigkeiten, aus realen Notwendigkeiten der Bühne, Elemente des Spiels, die nur scheinbar bloße Einfälle sind.“[17)]

Man geht allgemein davon aus, ‘Der Besuch der alten Dame‘ sei 1955 entstanden. Die Uraufführung vom 29. Januar 1956 findet am Züricher Schauspielhaus statt. Oskar Wälterlin führt Regie. Therese Giese – damals fast achtundfünfzigjährig – verkörpert die Titelrolle und Gustav Knuth den Ill. In seinen Memoiren erinnert er sich dankbar: „Den großen Dramatikern Friedrich Dürrenmatt und Max Frisch muß ich hier mein Herz zu Füßen legen, denn unvergessen bleiben diese herrlichen Gestalten der Weltliteratur, die sie geschaffen haben und die ich darstellen durfte. Sie schreiben ihren Schauspielern die Worte so in den Mund und in das Herz, daß man annehmen kann, man wäre auch der Dichter und nicht nur der Schauspieler. Das alles steht vor mir, als sei es gestern gewesen, wie auch von Friedrich Dürrenmatt ‘Der Besuch der alten Dame‘....“[18)]

---

17) zitiert nach Volker Schüler, Dürrenmatt. Der Verdacht. Der Besuch der alten Dame. Untersuchungen und Anmerkungen. Analysen und Reflexionen. Band 16, S. 65 f

18) Gustav Knuth, Darüber hab’ ich sehr gelacht, S. 86 f.

Dieses Stück teilt nicht das Schicksal der meisten anderen Dürrenmatt-Komödien: es bleibt ohne nachgeschobene Neufassungen. Und auch in anderer Hinsicht behauptet es eine Ausnahmestellung, weil sein Siegeszug über die Bühnen der Welt von Anfang an unaufhaltsam bleibt durch politische oder kulturelle Trennlinien. Für die 'Alte Dame' – populär in Ost und West – existiert der „Eiserne Vorhang" seit jeher ausschließlich als Feuerschutzmaßnahme in Theatergebäuden, nicht aber als weltpolitische Realität.
Von der Züricher Uraufführung her erobert sie in den folgenden zwei Jahren viele große Bühnen Europas und erweist sich dabei auch als ein Kassenfüller von erheblicher Anziehungskraft. Dies mag einer der ausschlaggebenden Gründe dafür sein, daß am 5. Mai 1958 zur Eröffnung des neuen Lunt-Fontanne-Theatres vor einem handverlesenen Publikum das Stück seine glanzvolle USA-Premiere am Broadway erlebt – dort, wo Perfektion und Konkurrenz, gleichermaßen auf die Spitze getrieben, das Show-Geschäft glashart werden lassen.
'The Visit' lautet der Titel in der teilweise gewalttätig bearbeitenden Übersetzung von Maurice Valency, die keineswegs in allem den Intentionen Dürrenmatts folgt. Zum Beispiel wird der Schlußchor der Güllener Bürger gestrichen, um dem Geschmack des Broadway–Publikums Tribut zu zollen: „Maurice Valency hatte sich in seiner Übertragung recht ungeniert an den Geist Broadways angebiedert. Er hatte sich nicht gescheut, Dürrenmatts Original wenn nicht unbedenklich, so doch eigenmächtig zu edieren. Diese Änderungen, die mehr operativen Eingriffen als Retuschen gleichkamen, zeugten für eine instinktive Kenntnis der New Yorker Erwartungen. So zeigt sich Valencys Übertragung in ihrem wahren Doppelgesicht: Sie war nicht mehr der echte Dürrenmatt, aber sie war die für einen Broadway-Erfolg geeignetste Fassung."[19]

19) Michael Peter Loeffler, Friedrich Dürrenmatts 'Der Besuch der alten Dame' in New York. Schriften der Schweizerischen Gesellschaft für Theaterkultur Nr. 14, S. 59

Der amerikanische Aufführungserfolg kommt dem Weg der 'Alten Dame' durch die internationale Bühnenwelt zugute. „The american way of life" zählt zu den Schlüsselbegriffen der Zeit. Nicht ohne Grund rückt Max Frisch 1957 im 'Homo faber' Amerikanisches in kritische Beleuchtung. Was die „brutale Theaterlandschaft" (Loeffler) des Broadway für sich zu gewinnen vermag, wie Dürrenmatts Komödie, trägt gleichsam ein Gütesiegel, das der Zeitgeist selber geprägt hat: „Es war ein Sieg für Dürrenmatt. Mit einem einzigen Stück hatte er die scheinbar uneinnehmbare Bastion des Broadway gestürmt und erobert. Ein schwieriges Stück, das ein denkfreudiges Publikum voraussetzte, hatte sich gegen die Flut des New Yorker Unterhaltungstheaters durchgesetzt. Der triumphale Erfolg der 'Alten Dame' am Broadway war aber mehr als nur ein persönlicher Sieg für Dürrenmatt. Er bedeutete einen eigentlichen Dammbruch für das neuere deutschsprachige Drama auf amerikanischen Bühnen. (.......) Eine spezifischere, Dürrenmatts Heimat betreffende Wirkung kam hinzu. Die Aufführung der 'Alten Dame' in New York verhalf dem schweizerischen Drama weit über die Grenzen Europas hinaus zur Weltgeltung. Sie trug entschieden dazu bei, das Bild einer künstlerisch regen Schweiz zu zeichnen, einer Schweiz, die sich deutlich vom Klischee der Kuckucksuhren abhob, mit der sich die amerikanische Öffentlichkeit so lange begnügt hatte: dies, über die künstlerische Leistung hinaus, war die echte kulturpolitische Bedeutung von Dürrenmatts 'Besuch der alten Dame' in New York."[20)]

Der Dichter erhält für seine 'tragische Komödie' den Preis der Kritiker von New York zuerkannt, und bald tritt auch die Filmwirtschaft auf den Plan, um den Erfolgsstoff zu vermarkten: „Etwa vier Jahre nach der Uraufführung des Dramas kommt der Stoff in die Hände eines Filmproduzenten von Hollywood. Der mit Dürrenmatt befreundete Regisseur Bernhard Wicki nahm sich der schweren Aufgabe an und brachte 1964, mit Ingrid Bergmann und Anthony Quinn in den Haupt-

---

20) ebenda, S. 114 f.

rollen, das ansehnliche Zwitterding 'The Visit' heraus, mit dem weder Dürrenmatt noch Wicki, noch die Kritiker zufrieden waren. Gegen den Willen des Autors endete die Geschichte glücklich, gegen den Willen des Regisseurs wurden nach der Fertigstellung wichtige Stellen herausgeschnitten. Entstanden ist ein Werk, das nicht ganz so schlecht ist, wie die offizielle Reaktion es wahrhaben will – die Ankunft der jungen Dame wirkt interessant, die beiden Kastraten ebenfalls – eine Fälschung, an der alle Welt, Dürrenmatt wohl ebenfalls, mitschuldig ist."[21]
Auf internationalen Bildschirmen hat sich die Komödie in mannigfachen Inszenierungen vorgestellt, die gelegentlich auch Elemente der 'Visit'-Fassung einbringen. So präsentierte beispielsweise eine von der ARD gesendete Fassung Romy Schneider als Claire Zachanassian. Alles in allem: diese 'Alte Dame' ist nach wie vor ein junges Stück.

---

21) Hans Bänziger, Frisch und Dürrenmatt, S. 178

Die Handlung

Vorgeschichte

Man schreibt das Jahr 1910.
Die junge Güllenerin Klara Wäscher bekommt ein uneheliches Kind.
Als Vater benennt sie ihren Geliebten, den Güllener Alfred Ill.
Dieser bestreitet die Vaterschaft, weil Klärchen angeblich auch mit anderen Männern geschlafen hätte. Mit Hilfe der von ihm bestochenen Zeugen Jakob Hühnlein und Ludwig Sparr gelingt es, durch deren falsche Aussagen den von Klara bestrittenen Mehrverkehr vor Gericht glaubhaft zu machen.
Das Kind stirbt. Klara Wäscher wird Prostituierte in einem Hamburger Freudenhaus. Alfred Ill heiratet ein in eine kleine Gemischtwarenhandlung.
Im Bordell lernt Klara den Milliardär Zachanassian kennen, der sie heiratet.

In den Besitz eines Riesenvermögens gelangt, nimmt die nunmehrige Claire Zachanassian den Oberrichter, der einst den Vaterschaftsprozeß geleitet hatte, als Butler in ihre Dienste.
Die beiden meineidigen Zeugen läßt sie in der ganzen Welt suchen und zu sich bringen, den einen aus Kanada, den anderen aus Australien. Sie läßt sie blenden und kastrieren.
Sie sorgt dafür, daß der Ort, an dem ihr soviel Unrecht widerfahren ist, der wirtschaftlichen Auszehrung verfällt, indem sie Güllens prosperierende Unternehmungen aufkaufen und stillegen läßt.
Was nun noch aussteht, fünfundvierzig Jahre danach, ist die Rache an dem eigentlichen Schuldigen.
Die Komödienhandlung besteht aus der Exekution dieser Rache an Alfred Ill, dem einstigen Jugendgeliebten.

Handlungsgerüst

Die Milliardärin hat ihrer Heimatstadt Güllen einen Besuch angekündigt. Die Bürger der Stadt erhoffen sich von dem hohen Besuch eine Sanierung ihrer armseligen wirtschaftlichen Verhältnisse. Deshalb ist der einstige Geliebte der Milliardärin über Nacht zum angesehensten Güllener Mitbürger geworden, weil man auf seine wirkungsvolle Fürsprache bei der reichen Verflossenen hofft.
Diese erreicht Güllen mit großem Gefolge. Im Reisegepäck führt man einen leeren Sarg mit.
Nach der Ankunft auf heimatlichem Boden scheinen manche Anzeichen darauf hinzudeuten, daß sich die Hoffnungen erfüllen werden. Tatsächlich wird der Stadt auch eine großzügige Schenkung in Aussicht gestellt, nämlich eine Milliarde; die Hälfte davon soll in die Stadtkasse, fünfhundert Millionen aber sind zur Verteilung an die Familien der Stadt vorgesehen.
Als einzige Bedingung ist damit die Forderung nach später Gerechtigkeit verbunden: die Güllener müssen den ehemaligen Jugendgeliebten der Milliardärin, ihren Mitbürger, töten und ihr seinen Leichnam übergeben.
Unter dem Beifall der Bürger lehnt der Bürgermeister dieses Ansinnen im Namen der Menschlichkeit ab.
Dennoch tut die Verführung durch das große Geld ihr Werk – bis hinein in die Familie des Objektes dieser späten Rache.
Die Milliardärin ist sich der Wirkung sicher und wartet in Ruhe ab.
Güllen beginnt auf Kredit zu prosperieren, auf das Ereignis hin, was einfach kommen muß, und das potentielle Opfer erkennt, es ist verloren. Auf einhelligen Beschluß der Güllener wird das Geschäft schließlich vollzogen: Scheck gegen Leiche.
Als die Milliardärin samt Gefolge abreist, ist der Sarg nicht mehr leer.
In Güllen aber, der Stadt mit dem beziehungsreichen Namen, bittet man Gott inständig, den neuen Wohlstand zu erhalten.

Szenischer Ablauf

Erster Akt

Szene: Güllens Bahnhof, verwahrlost und armselig wie die ganze Stadt. Vor dem Toilettenhäuschen steht eine Bank, auf der sich vier güllengerecht Verwahrloste damit unterhalten, vorbeifahrenden Zügen zuzuschauen. Ein fünfter ist beschäftigt. Er beschriftet ein Transparent, wie es bei Umzügen mitgetragen wird: „Willkommen Kläri"

Man unterhält sich über die elende Verfassung der Vaterstadt. Wo einst jeden Tag allein fünf Expreßzüge von Weltbedeutung ganz selbstverständlich angehalten haben, fertigt man heute gerade noch zwei kümmerliche Personenzüge ab. Alle Unternehmungen von einiger Bedeutung haben aufgehört zu existieren. Die Stadtbürger leben großenteils von sozialen Hilfseinrichtungen. Man hofft auf den angekündigten Besuch der Milliardärin, welcher der Ruf hochherziger Mildtätigkeit vorausgeeilt ist. Freilich verfügt sie auch über die nötigen Mittel dank ausgedehnten Öl-, Eisenbahn- und Medienbesitzes. Sogar das Hongkonger Vergnügungsviertel ist ihr Eigentum.
Zunächst freilich trifft ein weniger willkommener Gast mit dem Personenzug von Kaffigen ein: der Pfändungsbeamte Glutz. Er soll ganz Güllen pfänden, obgleich da nichts mehr zu holen ist. Sogar das Heimatmuseum hat man schon vor Jahren nach Amerika verkauft.
Glutz begegnet den herannahenden Honoratioren Güllens, die kommen, um den Empfang der für zwei Stunden später mit dem Personenzug von Kalberstadt erwarteten Gönnerin zu organisieren. Chorgesang, Turnverein und Stadtmusik sollen dafür aufgeboten werden. Die Kirchenglocke kann nicht läuten. Sie mußte aus Geldmangel versetzt werden. Aber die noch unversetzte Feuerglocke wird bimmeln. Angesichts der Pfändungsmission kommt es zu abenteuerlichen Deutungsversuchen für die Gründe der Güllener Finanzmisere. Von Freimaurern ist die Rede, von Juden, Kapitalisten und Kommunisten. Aber niemand vermag des Rätsels Lösung näher zu kommen.

Ill kritisiert die Intimität der Willkommens–Losung. Der Schriftmaler erweist sich als lebenskluger Mann. Erst wird man die Milliardärin distanziert mit ihrem jetzigen Namen willkommen heißen. Danach, wenn sie von der Wiederbegegnung mit der Heimat hinreichend gerührt erscheint, kommt der Kläri-Text zum Einsatz, indem das Transparent einfach herumgedreht wird.
Man hofft auf die Hilfe der Erwarteten, und Ill gilt als berufener Fürsprecher für die Belange der Güllener, weil er vor fünfundvierzig Jahren ihr Jugendgeliebter war.
Für seine Begrüßungsrede sammelt der Bürgermeister Informationen über die damalige Klara Wäscher. Er erfährt von miserablen Schulnoten, diejenige fürs Betragen eingeschlossen, Renitenz gegen die Polizei und einem Kartoffeldiebstahl, letzterer angeblich aus Wohltätigkeit für eine arme Witwe, wie Ill behauptet. Doch der gestandene Kommunalpolitiker wird schon etwas daraus machen. Um Ill nachdrücklich auf die Güllener Sache einzuschwören, jetzt, wo es zur Bewährung kommen soll, wird ihm just in dieser Stunde für das Frühjahr das Bürgermeisteramt in Aussicht gestellt.
Ill hört es erkennbar mit Wohlgefallen. Er reagiert mit Eifer. Letzte Regieanweisungen werden erörtert, damit beim festlichen Empfang alles wie am Schnürchen klappt, als Ungeheures geschieht: der „Rasende Roland", auf der Fahrt von Venedig nach Stockholm, hält an und Claire Zachanassian mit Gefolge ihren Einzug in Güllen. Nicht nur das Empfangsprogramm ist jetzt verhunzt, sondern auch noch die Würde des Augenblicks der Wiederbegegnung mit der Vaterstadt.
Es mischt sich nämlich störend der fassungslose Zugführer vom „Rasenden Roland" ein, dessen Weltbild erst wieder ins Lot kommt, als sich die Notbrems-Benutzerin zu erkennen gibt und dies mit einem namhaften Geldbetrag verbindet.
Jetzt bietet man ihr sogar an, den „Rasenden Roland" während einer eventuellen Stadtbesichtigung warten zu lassen, was freilich nicht nötig ist. Der Bürgermeister will retten, was zu retten ist, und spricht Worte der Begrüßung. Im Lärm des abfahrenden Zuges gehen sie jedoch unter.

Der Gast dankt freundlich und geht, Ill zu begrüßen. Worte der Erinnerung fallen; Kosenamen von früher, bemüht und grotesk zugleich angesichts fortgeschrittenen Lebensalters, schlagen Brücken in die Vergangenheit. Ill glaubt, noch immer als Mann zu beeindrucken. Da wird er jäh aus solcher Selbsttäuschung gerissen: er sei fett, grau und versoffen. Ill steckt das weg und pariert mit einer plumpen Schmeichelei. Sie bleibt indessen ohne Wirkung. Claire zeigt ihre Beinprothese. Nach einem Autounfall benutzt sie nur mehr Schnellzüge.
Ihr derzeitiger, siebenter Gatte, Moby genannt, besitzt Tabakplantagen. Eigentlich heißt er Pedro. Aber in Claires Gefolge haben alle Namen auf Ypsilon zu enden, weil der Kammerdiener Bobby heißt, den man schließlich „fürs Leben“ hat.
Das Bahnhofs-Toilettenhäuschen hat Claires Vater gebaut, der in Güllen Baumeister war. Inzwischen haben sich die Sänger eingefunden unter Leitung des Lehrers. Auch ihre Darbietung versinkt im Lärm eines vorbeifahrenden Zuges. Der Gast dankt trotzdem freundlich. Die Begrüßung durch einige Güllener Amtsträger quittiert das heimgekehrte Kind der Stadt mit seltsam hintersinnigen Äußerungen, die Ill köstlich amüsant dünken.
Der Polizeiwachtmeister erhält den Rat, hinfort am besten beide Augen zuzudrücken. Dem Bürgermeister gratuliert sie zu seinen „Gören“, den Enkeln Hermine und Adolfine. Und dem Pfarrer kündigt sie an, die abgeschaffte Todesstrafe werde womöglich wieder eingeführt.
Nach absolvierter Begrüßung will Claire in die Stadt. Der Bürgermeister bietet den 1932er Uralt-Mercedes des Arztes – das einzige Auto in Güllen – als Transportmittel an. Aber sie läßt sich in ihrer mitgeführten Sänfte tragen. Roby und Toby, die Träger, haben je eine Million gekostet. Als Gangster waren sie in Sing-Sing zum elektrischen Stuhl verurteilt. Die Sänfte – einst Schaustück im Louvre – hat gar nichts gekostet. Sie ist ein Geschenk des Präsidenten von Frankreich.
Claire will mit Ill zunächst die alten Liebesorte besuchen. Das Gepäck samt Sarg kommt indessen in den ‘Goldenen Apostel‘. Nach dem übrigen Gefolge sind noch zwei kleine, dicke, alte Männer in Güllen ein-

getroffen, die blind sind. Der Polizist macht sich anheischig, sie ebenfalls dorthin zu führen.

Szene: Bei offenem Vorhang verwandelt sich der Handlungsort in den 'Goldenen Apostel'. Auch hier ist alles auf Güllener Art verwahrlost.

Am Kneipentisch sind sich Lehrer und Bürgermeister einig: Ill hat die Milliardärin im Sack. In Güllen wird es aufwärts gehen. Dennoch hat den Lehrer ein Gruseln beschlichen, angesichts des schwarzgewandeten Gastes fühlt er sich an antike Schicksalsgöttinnen erinnert.
Der Polizist tritt hinzu. Er bestätigt Ills gutes Verhältnis zu Claire. Regelrecht gerührt schienen beide beim gemeinsamen Besuch der früheren Liebesorte. Diskret hat sich der Ordnungshüter von dort entfernt.
Man stößt hoffnungsfroh an auf Ill, den beliebtesten Bürger der Stadt.

Szene: Die Verwandlung erfolgt wieder bei offenem Vorhang. Das Wirtshausschild entschwebt nach oben. Die vier Bahnhofsgaffer erscheinen mit einer Bank. Einer, der ein Kartonherz mit den Initialen A K umgehängt hat, steigt hinauf. Die Männer versinnbildlichen als Bäume den Konradsweilerwald.

Claire wird herbeigetragen. Ihr zur Seite geht Ill. In einiger Entfernung folgen der Butler, der Ehegatte Moby und die beiden Blinden. Claire schickt ihr Gefolge außer Sichtweite. Sentimentalität scheint aufzukommen, gerade als täten das eingeschnitzte Herz und die mit dem Ort verbundenen Erinnerungen ihre Wirkung. Man spricht von damals. Ill bietet seine, situationsgerecht umgelogene Version der Vergangenheit. Nur Klara zuliebe habe er auf sie verzichtet, um dem Glück des jungen schönen Mädchens nicht im Wege zu stehen und Mathilde Blumhard mit ihrem Laden geheiratet. Nun sei er ruiniert wie ganz Güllen, habe seine unzufriedene Familie auf dem Hals und führe, seit er sie damals verloren habe, ein Leben wie in der Hölle. Claire antwortet mit dem Satz: „Und ich bin die Hölle geworden".

Auf Ills lauernde Frage verspricht sie, Güllen finanziell zu helfen. Ill nimmt's als persönlichen Erfolg und schlägt ihr gerührt auf den linken Schenkel. Schmerzhaft trifft er dabei ein Prothesenscharnier.
Später, als Spechtgeklopfe, Kuckucksrufe und das Rauschen des Windes in den Bäumen – alles markiert von den vier Bahnhofsgaffern – die Sentimentalität der Situation so sehr steigern, daß Ill sich fortgerissen fühlt, versteigt er sich zu einem Liebesgeständnis und küßt Claire die rechte Hand.
Aber es ist wieder nur eine Prothese, wie noch so manches andere nach einem Flugzeugabsturz in Afghanistan.

Szene: Der Schauplatz verwandelt sich erneut in den 'Goldenen Apostel', wo ein Festbankett zu Ehren der Milliardärin vorbereitet wird; Darbietungen der Stadtmusik und des Turnvereins fehlen nicht.

Wieder schockiert der Ehrengast durch seltsame Bemerkungen. Dem Arzt zum Beispiel, wird empfohlen, in Zukunft auf Herzschlag als Todesursache zu erkennen. Einen Turner fragt sie, ob er schon jemanden erwürgt habe, bei so prächtigen Muskeln.
Ill teilt indessen dem Bürgermeister heimlich mit, der Gast habe Millionen für Güllen versprochen.
Claire wird sich einmal mehr scheiden lassen. Gatte VIII steht schon in Reserve: ein deutscher Filmschauspieler. Um sich einen Jugendtraum zu erfüllen, will sie sich im Güllener Münster mit ihm trauen lassen. Endlich kommt der Bürgermeister zu seiner Rede. Ill souffliert und bewahrt das Stadtoberhaupt vor allzu blamablen Ausrutschern und Irrtümern. So bezeichnet er Claires Mutter als „urgesund", obwohl sie an Lungenschwindsucht gestorben ist und nennt das von ihrem Vater errichtete Bahnhofs-Clo ein „von Fachkreisen und Laien stark besuchtes" Gebäude.
Die zuvor eingeholten Informationen werden schamlos umgelogen, so daß sie – in ihr Gegenteil verkehrt – ein Bild strahlender Tugend entstehen lassen.

In ihrer kurzen Antwort rückt die solchermaßen Gelobte das verfälschte Bild freilich zurecht. In der Schule hat man sie nicht gelobt, sondern geprügelt. Und mit den gestohlenen Kartoffeln hat sie der Witwe Boll den Kuppelpreis bezahlt, um es einmal mit Ill in einem richtigen Bett treiben zu können, statt im Wald oder der Scheune.

Sie endet mit dem Versprechen, Güllen eine Milliarde zu schenken, vorausgesetzt man werde eine Bedingung erfüllen. Ill küßt sie vor Begeisterung in dem losbrechenden Jubel der Güllener.
Der Bürgermeister fragt nach der Bedingung. Für ihre Milliarde will Claire Gerechtigkeit.
Boby, der Butler, erläutert, was damit gemeint ist. Als Jurist und ehemaliger Oberrichter in Güllen und am Kaffiger Apellationsgericht beherrscht er die Materie.
Er läßt Ill vortreten, erinnert an die Vaterschaftsklage von 1910, bei der er die Verhandlung geführt hatte und an die falschen Zeugen. Koby und Loby, die beiden Kastraten, werden herbeigeführt und als eben diese Zeugen erkannt.
Sie bekennen, seinerzeit falsch geschworen zu haben für einen Liter Schnaps von Ill. Claire hatte sie suchen lassen. Nachdem sie ihrer habhaft geworden war, wurden sie auf ihren Befehl durch die Gangster Toby und Roby geblendet und kastriert.
Jetzt soll die Gerechtigkeit sich vollenden: eine Milliarde für Güllen, wenn jemand Alfred Ill tötet.
„Das Leben ging doch längst weiter!" protestiert Ill bestürzt. Claire Zachanassian bleibt unbeugsam.
Der Bürgermeister erhebt sich schreckensbleich. Unter dem Beifall der Güllener lehnt er dieses Angebot ab: „Lieber bleiben wir arm denn blutbefleckt."
Claire Zachanassian weiß um die Verführungskraft des Geldes:
„Ich warte."
Mit dieser programmatischen Bekundung endet die Handlung des ersten Aktes.

Zweiter Akt

Szene: Stadtszenerie mit Ills Laden und der Polizeistation; im Hintergrund das Hotel zum Goldenen Apostel. Ill befindet sich mit Sohn und Tochter im Laden.

In das Hotel bringt man wie jeden Morgen Blumen und Kränze für den leeren Sarg. Man kann das durch Ills Schaufenster beobachten. Frau Ill wird nicht zum Frühstück herunterkommen, sie ist müde. Wie schon lange nicht mehr geschehen, will Ill daher mit seinen Kindern frühstücken. Doch auch Sohn und Tochter entfernen sich, um wegen Arbeit nachzufragen. Der Vater vernimmt es familiär gerührt.
Vom Balkon des ‘Goldenen Apostels‘ hört man Gitarrenklänge und die Stimmen der Milliardärin sowie die ihres Butlers. Während des Geschehens in Ills Laden und auch später im zweiten Akt läuft hier eine Art korrespondierende Parallelhandlung ab, die immer wieder hörbar werdend, den Fluß der Haupthandlung unterbricht.
Ills erster Kunde an diesem Morgen, er heißt Hofbauer, kauft Zigaretten der teueren Sorte auf Kredit. Auch jetzt hört man die Gitarre und das Gespräch zwischen der Milliardärin und Roby und Boby. Erst dreht es sich um einige der verflossenen Ehemänner. Dann wird auf Claires Geheiß der designierte Ehemann VIII aus dem Schlummer gerissen, um sich am Frühstückstisch einzufinden.
Indessen belebt sich Ills Geschäft. Zwei Kundinnen kaufen – gleichfalls auf Kredit – ungewöhnlich viel und teuer ein. Im Gespräch mit Hofbauer gibt Ill zu, der Klara damals einen Streich gespielt zu haben. Das einmütige Bekenntnis der Güllener zu ihm im Goldenen Apostel – trotz des Elends der Stadt – hat er als „die schönste Stunde“ in seinem Leben empfunden. Im regeren Geschäftsgang der letzten Tage sieht Ill eine Art Solidaritätsbekundung der Güllener, was von den Anwesenden mit Eifer bestätigt wird.

Vielmehr: er möchte es so sehen. Aber das Verlangen des nächsten Kunden nach Kognak von der teueren Sorte – sechsmal teurer als der übliche Schnaps – läßt eher an Erpressung denken. Dazu kommt noch Importpfeifentabak. Alles auf Kredit natürlich. Als dieser Kunde aus dem Laden geht, entdeckt Ill an ihm neue gelbe Schuhe. Wie sich zeigt, tragen alle Kunden im Laden solches Schuhwerk, das sie samt und sonders auf Kredit erworben haben. Da dämmert es dem Enttäuschten, was es in Wahrheit auf sich hat mit der Solidarität der Güllener. Wütend beginnt er, seine Kundschaft mit Waren zu bewerfen und stürzt schließlich aus dem Geschäftslokal.

Der Lärm wird auch auf dem Hotelbalkon wahrgenommen, wo Hoby, der künftige achte Ehemann, gerade entsetzt das Fauchen eines schwarzen Panthers aus Claires Salon registriert. Die Milliardärin hält ihn als Haustier.

Ill begibt sich zur Polizeistation. Als künftiger Bürgermeister der Stadt fordert er die Verhaftung Claire Zachanassians wegen Anstiftung zum Mord. Der Polizist reagiert betont abweisend. Ill sei noch nicht gewählt. Zwar könne er die Dame anzeigen. Aber über die Ausführung der geforderten Amtshandlung entscheide allein die Polizei. Das absurd hohe Angebot von einer Milliarde lasse die Anstiftung zum Mord keinesfalls als ernstgemeint erscheinen; falls es das aber doch sei, müsse die Dame verrückt sein. In beiden Fällen geht es die Polizei nichts an. Im übrigen habe niemand wirklich versucht, Ill zu ermorden.
Die Kundgebung zu seinen Gunsten sei im Gegenteil höchst eindrucksvoll gewesen. Ill läßt sich dennoch nicht beruhigen. Er weist hin auf den Kognakkauf des Arbeitslosen und die neuen Schuhe seiner Kunden. Wie um seinen Worten Nachdruck zu verleihen, erklingt aus einem nahen Fenster Léhars ‘Lustige Witwe‘ aus einem auf Kredit erworbenen neuen Radio. So ist der Polizist nicht zu beeindrucken. Zu dem Kognak ist er eingeladen. Seine Schuhe sind gleichfalls neu, und obendrein blitzt ein nagelneuer Goldzahn in seinem Munde. Ill erkennt seine wahre Situation: „Die Stadt macht Schulden. Mit den Schulden steigt der Wohlstand. Mit dem Wohlstand die Notwendig-

keit, mich zu töten. Und so braucht die Dame nur auf ihrem Balkon zu sitzen, Kaffee zu trinken, Zigarren zu rauchen und zu warten. Nur zu warten."
Der Polizist hat keine Zeit mehr für ihn. Er muß den schwarzen Panther der Milliardärin jagen, der entwichen ist.
Auf Claires Balkon wird die Post erledigt. Einige der verflossenen Gatten haben geschrieben.

Szene: Der Illsche Laden wird mit einfachen Mitteln und durch ein Schild „Stadthaus" ins Bürgermeisteramt verwandelt. An der Wand hängt ein Bauplan. Der Revolver des Bürgermeisters liegt auf dem Pult.

In der Stadt jagt man den schwarzen Panther, der inzwischen in der Kathedrale herumklettert. Ill will den Bürgermeister sprechen. Er registriert bei seinem Gegenüber teure Zigarren, eine neue Krawatte und ebenfalls neue Schuhe. Ill sehe schlecht aus, findet der Bürgermeister. Der Besucher bekennt seine Furcht und fordert den Schutz der Behörde. Der Bürgermeister verweist auf die Polizei. Ill berichtet vom Goldzahn des Wachtmeisters und wird pathetisch zur Ordnung gerufen: Er vergäße wohl die verpflichtenden humanistischen Traditionen Güllens. In diesem Augenblick wird eine neue Remington-Schreibmaschine hereingetragen. Angesichts dieses entlarvenden Geschehens tritt das Stadtoberhaupt die Flucht nach vorn an: Er spricht Ill auf Grund der vergangenen Verfehlung nicht nur das moralische Recht ab, die Verhaftung Claire Zachanassians zu verlangen, sondern nimmt, nach Abstimmung mit den Parteien, auch Ills Nominierung für den Bürgermeisterposten offiziell zurück.
Dennoch verurteile man selbstverständlich den Vorschlag der Dame nach wie vor. In der Presse werde man die ganze Affäre lieber verschweigen. Hochachtung und Freundschaft sei Ill im übrigen sicher. Doch Ill will nicht schweigen. Nur für den Fall, daß er redet, sieht er überhaupt noch eine Chance für sich. Der Bürgermeister leugnet jegliche Gefährdung Ills rundweg ab. Der hält dagegen, jeder Güllener

bedrohe ihn. Nur hoffe jeder, ein anderer werde die Tat ausführen. Der Bürgermeister schwingt sich zu feierlichem Protest auf, muß aber im nächsten Augenblick zugeben, daß ein neues Stadthaus schon geplant ist. Ill sieht darin einen Beweis, daß man ihn schon zum Tode verurteilt hat.
Auf dem Hotelbalkon werden inzwischen die Zusagen prominenter Zeitgenossen gesichtet, die an der bevorstehenden Hochzeitsfeier teilnehmen werden. Auch Journalisten werden aus der ganzen Welt kommen.

Szene: Die Einrichtung des Polizeibüros verwandelt sich durch wenige Handgriffe in die Sakristei des Münsters. Der Pfarrer hat ein Gewehr bei sich.

Ill sucht Hilfe beim Pfarrer. Sein Blick fällt auf das Gewehr. Der Panther ist im Dachgestühl herumgeklettert. Er wird jetzt gejagt. Auch Ill fühlt sich gejagt wie ein wildes Tier. Doch statt praktischer Hilfe erhält er nur herzlose Phrasen aufgetischt: man solle Gott fürchten, nicht die Menschen, den Tod der Seele, nicht den des Leibes.
Wie um Ills Situation zu illustrieren, werden ringsum bewaffnete Güllener sichtbar, die offenbar dem Panther nachspüren.
Die kalt-frommen Redensarten des geistlichen Herrn beschwichtigen nicht Ills Ängste. Allzu deutliche Anzeichen erweisen, daß sich ganz Güllen „auf das Fest" seiner Ermordung vorbereitet. Der Pfarrer bleibt hart. Er empfiehlt Gewissenserforschung und Einkehr, und vor allem Besinnung auf die Sünden der Vergangenheit.
Ill nennt Tatsachen, die seine Furcht begründen: die einen haben eine Waschmaschine angeschafft, andere einen Fernsehapparat.
Dem Pfarrer wird das Gespräch immer unangenehmer, immer unangemessener seine Reaktionen, wenn er etwa empfiehlt, der Hilfesuchende möge sich statt um solche Dinge um die Unsterblichkeit seiner Seele kümmern. Als die Feuerglocke zu bimmeln beginnt, schützt er deshalb eilig Amtspflichten vor, um Ill so schnell wie möglich loszuwerden.

In diesem Augenblick fällt der volle, kräftige Ton einer neuen Kirchenglocke ein, und Ill schreit entsetzt auf: „Auch Sie, Pfarrer! Auch Sie!“ Diesem elementaren Ausbruch gelingt es endlich, die verhärtete Haltung des Gemeindehirten zu durchdringen. Ill umarmend gesteht er: „Wir sind schwach, Christen und Heiden.“
Ill muß fliehen. Sein Bleiben führt die Güllener in Versuchung.
Man hört zwei Schüsse. Der Panther ist vor Ills Laden getötet worden. Auf dem Hotelbalkon muß Roby einen Trauermarsch auf der Gitarre intonieren.

Szene: Der Schauplatz verwandelt sich in den Güllener Bahnhof. Dort sieht alles wie zu Beginn des Spiels aus. Nur ein paar neue Werbeplakate für Reisen und einige Krane sowie neugedeckte Dächer in der Stadtkulisse deuten die Veränderung der Situation an. Ill nähert sich dem Bahnhof, einen Koffer in der Hand. Wie von ungefähr kommen von allen Seiten Güllener hinzu.

Ill wird begrüßt. Die Güllener begleiten ihn zum Bahnhof und lassen sich um keinen Preis zurückweisen. Er will fort von der Stadt – möglichst weit fort, am liebsten nach Australien. Man versucht, es ihm auszureden. In Güllen sei er am sichersten. Aber Ills Erfahrungen lehren anderes. Sein Hilfeersuchen an den Regierungsstatthalter in Kaffigen ist von der Post nicht befördert worden. Die Reiseplakate und das Baugeschehen sprechen eine deutliche Sprache, und alle Güllener tragen neue Hosen. Anklagend ruft der Geängstete aus: „Immer reicher werdet ihr, immer wohlhabender!“ Man versichert, ihn aus alter Freundschaft verabschieden zu wollen und wünscht gute Reise und ein schönes, weiteres Leben.
Alle drängen herzu. Ill steht, von Angst gebannt, ohne in den abfahrbereiten Zug einzusteigen. Einer wird ihn zurückhalten, fürchtet er, obwohl alle laut und nachdrücklich das Gegenteil versichern.
Schließlich fährt der Zug ohne Ill davon.
Jetzt erst weichen die Güllener zurück von Ill, der zusammenbre-

chend erkennt: „Ich bin verloren."
Mit diesen Worten endet der zweite Akt.
Ill bleibt allein zurück.

Dritter Akt

Szene: Claire Zachanassians Sänfte steht in der Peterschen Scheune, inmitten von Gerümpel, Stroh und Spinnweben. Sie ruht hier aus von den Anstrengungen der Hochzeitsfeier.

Der Butler meldet den Arzt und den Lehrer. Beide stehen noch ganz unter dem Eindruck der Feier im Güllener Münster. Vor allem hat sie die Teilnahme der mondänen Welt fasziniert. Zu ihrer Verwirrung erfahren sie, der Ehemann Hoby sei bereits fortgeschickt und die Scheidung juristisch vorbereitet, die zweitkürzeste ihrer Ehen mithin erledigt.
Man kommt zur Sache. Die Güllener haben sich hoch verschuldet auf das Milliardenversprechen hin. Jetzt heißt es zahlen, aber Geld ist nicht da. „Ihr wißt, was zu tun ist" erinnert die alte Dame.
Der Lehrer appelliert an ihren Geschäftssinn. Güllen sei nicht eigentlich arm. Es müsse nur heraus aus dem wirtschaftlichen Abseits. Was fehlt, sind Kredit, Vertrauen und Aufträge, damit Güllens Industrie wieder blüht. Hundert Millionen als wohlverzinstes Darlehen gewährt, wären auch für den Gast der Stadt vorteilhafter als eine verschleuderte Milliarde. Die Platz-an-der-Sonne-Hütte, Bockmann, die Wagnerwerke zu kaufen und zu sanieren, hieße ein gutes Geschäft machen.
Dieser Ansicht widerspricht Claire nicht. Aber zustandekommen kann dieses Geschäft nicht, weil ganz Güllen – Fabrik um Fabrik und Haus um Haus – schon lange ihr gehört. Sie hat den wirtschaftlichen Niedergang der Stadt bewußt herbeigeführt.
Als sie vor fünfundvierzig Jahren, hochschwanger und verlacht, Güllen verlassen mußte, hatte Klara Wäscher den Entschluß gefaßt,

irgendwann einmal zurückzukommen. Jetzt ist sie da, und Claire Zachanassian diktiert das Geschäft, hart und gnadenlos.
Schon hat sie den Befehl zum Aufbruch in den Goldenen Apostel erteilt, wo bereits Gatte neun wartet, da schwingt sich der Lehrer zu einem letzten inständigen Appell an ihre reine Menschlichkeit auf. Die Antwort läßt keine Hoffnung. Menschlichkeit ist Sache der Millionäre. Ihre Finanzkraft aber ist so groß, daß sie die Weltordnung bestimmen kann: „Die Welt machte mich zu einer Hure, nun mache ich sie zu einem Bordell.“ Da ihre Mission gescheitert ist, sehen sich der Arzt und der Lehrer auf das eigene Gewissen angewiesen.

Szene: Ills Laden, vom Wohlstand verändert, mit neuer Einrichtung und kostbarerer Ware; Frau Ill steht hinter dem neuen Ladentisch.

Wieder steht der Kunde Hofbauer, angetan mit einer blutbespritzten Metzgerschürze, im Geschäft zu einem Morgenschwatz. Die Trauung im Münster, der Geschäftsgang und der Lebenswandel von Fräulein Luise führen zu seinem eigentlichen Gegenstand: Ill.
Man hat ihn seit Tagen nicht mehr gesehen. Ununterbrochen geht er oben in seinem Zimmer herum. Hofbauer meint, das schlechte Gewissen treibt ihn um wegen der Schandtaten vor fünfundvierzig Jahren.
Falls Ill jetzt den Journalisten vorlügen würde, die Klara hätte etwas auf seinen Tod geboten – was doch nur der Ausdruck namenlosen Leids gewesen sei – müßte ihn der Volkszorn treffen.
Er faßt Posten am Treppenaufgang zu Ills Zimmer, sichtlich entschlossen, jeden Kontakt des Hausherrn mit den zu erwartenden Journalisten gegebenenfalls zu unterbinden.
Der Lehrer kommt auf ein paar schnelle Schnäpse; ein unübersehbares Trinkerzittern entlarvt den aufgewühlten Zustand seiner Seele, den er mit zu viel Alkohol bekämpft. Ills Schritte im Obergeschoß bringen ihn um alle Fassung, so daß er sich selber aus der Flasche bedienen muß.

Der Maler bringt ein Ölgemälde Alfred Ills; auch er liefert auf Kredit. Frau Ill sieht darin ein praktisches Erinnerungsstück, für den Fall, daß sie ihren Mann verlieren sollte.
Ein neuer Kunde kündigt das Erscheinen der Journalisten an. Sie folgen ihm auf dem Fuße und beginnen sofort, indiskrete Fragen zu stellen. Von den Blinden wissen sie um das frühere Verhältnis zwischen Ill und Klara Wäscher, und sie geben dem schmählichen Ende der Affäre ihre eigene Deutung: Alfred Ill hat aus Liebe geheiratet und Claire „auf ihre stille, edle Art" verzichtet.
Den Kastraten hat ihre Schwatzhaftigkeit keinen Vorteil gebracht. Unter ihrem Jammern werden sie dem Gangster Toby überantwortet, der die strafende Peitsche schon bereithält.
Frau Ill spielt indessen eine heile Familienwelt vor, indem sie sich geschickt auf die Wünsche der Presseleute einstellt: Geld allein mache nicht glücklich, und was Gott wisse, sollten auch ihre Kinder Karl und Ottilie wissen; weder Reue noch Unkenntnis läßt sie im Hinblick auf die vergangenen Ereignisse gelten.
Der Lehrer, inzwischen betrunken, will von einem mühsam erklommenen Fäßchen herab eine Ansprache halten. Die Kombination von gutem Steinhäger und schlechtem Gewissen drängt ihn, die Wahrheit über den Besuch der alten Dame zu verkünden. Trunkene Beharrlichkeit läßt ihn die wütenden Proteste der Umstehenden ignorieren, sogar dann noch, als der Maler ihn mit seinem Werk über den Kopf schlägt.
Erst der unerwartet zwischen den Anwesenden erscheinende Ill bringt den Schulmeister zur Ruhe.
Die Presseleute nutzen unverzüglich die Gelegenheit, ein Foto zu stellen mit Ill als Hauptperson, wie er gerade dem Metzger Hofbauer ein Beil verkauft. Kaum ist die darauf folgende Familienszene der Ills arrangiert, locken neue Sensationen. Claire geht mit dem nächsten Gatten spazieren. Ein Titelbild für 'Life' könnte immerhin dabei herausspringen.
Allein geblieben, verlaufen sich auch die Güllener, froh darüber, daß die Situation glimpflich vorübergegangen ist ohne peinliche Enthüllungen.

Nur der Lehrer bleibt zurück. Er fordert Ill auf, um sein Leben zu kämpfen, sich zusammenzureißen ohne jeden Verzug. Doch Ill hat resigniert; er will nicht mehr kämpfen, schuldig, wie er an allem ist: an Klaras Weg, an seinem Krämerdasein. Er sieht für sich kein Recht mehr zu kämpfen.
Der nüchtern gewordene Lehrer prophezeit Ill, man werde ihn töten, was er ja auch selbst schon wisse. Die Versuchung sei einfach zu groß und die Armut zu bitter. Der Lehrer selbst spürt, wie er langsam zum Mörder sich wandelt: „Mein Glaube an die Humanität ist machtlos. Und weil ich dies weiß, bin ich ein Säufer geworden."
Hätte es noch weiterer Beweise bedurft für die Wahrheit der Worte des Lehrers, so fänden sie sich reichlich in Ills familiärer Umgebung: der modern eingerichtete Laden, die tennisspielende Tochter, des Sohnes Opel Olympia, der neue Pelzmantel von Frau Ill.
Alfred Ills Ängste nimmt niemand ernst. „Hysterisch" nennt ihn seine Ehehälfte. Auf „Klärchens" gutes Herz rechnen alle.

Ill wünscht sich, „ein einziges Mal" mit der ganzen Familie im neuen Auto zu fahren, wozu jeder seine „guten Kleider" anlegen möge. Während das geschieht, bringt der Bürgermeister in durchsichtiger Mission ein geladenes Gewehr. Ill lehnt dessen Gebrauch ab.
Für den Abend ist eine Gemeindeversammlung geplant, wo Ills Fall behandelt werden soll. Ill sagt sein Erscheinen zu. Güllen ist durch den Zachanassian-Aufenthalt so bekannt geworden, daß die Massenmedien über demokratische Traditionen der Stadt berichten wollen. Eine heikle Situation bahnt sich an. So will der Bürgermeister wissen, ob Ill auch dann den Urteilsspruch annehmen wird, wenn er gegen ihn ausfällt. Daß es um Leben und Tod geht, wird den Presseleuten verborgen bleiben. Von einer Stiftung der Milliardärin werde die Rede sein, die Ill als ihr ehemaliger Jugendfreund vermittelt habe. Seiner Familie zuliebe habe man diese Version gewählt, die ihn rein äußerlich unbescholten dastehen lasse. Güllen sei fair zu ihm.
Wenn er nun doch reden wolle, müsse man „das Ganze eben ohne Gemeindeversammlung machen".

Ill nennt's eine offene Drohung und verpflichtet sich zu Wohlverhalten. Noch einmal bringt der Bürgermeister die Selbstmordversion ins Spiel, nur um abermals zurückgewiesen zu werden. Nach Höllenqualen hat Ill in grauenhaften Stunden die Furcht besiegt: „Es war schwer, nun ist es getan. Ein Zurück gibt es nicht. Ihr müßt nun meine Richter sein". Abnehmen wird er den Güllenern das Handeln nicht.

Es bleibt kein Zweifel, daß der Familienausflug Ills Abschied vom Leben und von Güllen bedeutet. An allen Ecken begegnen ihm Zeugnisse des wirtschaftlichen Aufstiegs: Baustellen, der Mercedes 300 des Arztes, Messerschmidt–Kabinenroller, ein Buick, Hofbauers Volkswagen mit dem Ferkeltransport.

Am Konradsweilerwald steigt Ill aus, um durch ihn hindurch ins Städtchen zur Gemeindeversammlung zu gehen.

Szene: Wieder markieren die ehemaligen Bahnhofsgaffer den Wald. Jetzt tragen sie Frack. Claire wird in der Sänfte herbeigetragen; ihr zur Seite geht Gatte IX, der Nobelpreisträger. Roby folgt, die Gitarre auf dem Rücken.
Claire, der Sänfte entstiegen, begegnet Ill im Walde.

Flüchtig wird der Nobelpreisträger, genannt Zoby, vorgestellt; dann schickt sie ihn „forschen" zur historischen Ruine. Claire Zachanassian hat sich der beiden Blinden entledigt wegen ihrer Schwatzhaftigkeit. Sie träumen in einer der Opiumhöhlen Hongkongs. Bald wird der überflüssige Kammerdiener ihnen folgen.

Man spricht wieder über Jugenderinnerungen. Von Geneviève, der gemeinsamen Tochter, berichtet Claire. Von der christlichen Fürsorge der Mutter weggenommen, ist das Kind nach einer Hirnhautentzündung bei fremden Leuten gestorben. Sie will hören, wie Ill sie in Erinnerung hat als Siebzehnjährige. Einmal fand er sie in der Peterschen Scheune, nur mit einem Hemd bekleidet, einen langen Strohhalm zwischen den Lippen. Sie erinnert sich an eine Prügelei, bei der Ill um ihretwillen gekämpft und gesiegt hat.

Roby begleitet das Geschehen mit Gitarrenmusik. Auf Claires Geheiß hat er Ills Lieblingslieder spielen gelernt.
Ill dankt für die Blumen und Kränze beim Sarg. Er weiß, der Abend wird seinen Tod bringen.
Claire beschreibt ihm seine letzte Ruhestätte im Mausoleum von Capri, im Park ihres Palazzos. Mit Blick aufs Mittelmeer.
Noch einmal erklärt sie die Gründe für ihr Handeln. Aus ihrer Liebe ist Böses geworden, überwuchert von den Milliarden, die mit ihren goldenen Fangarmen nach Ill gegriffen haben, weil sein Leben ihr gehört: „Bald wird nichts mehr bleiben als ein toter Geliebter in meiner Erinnerung, ein mildes Gespenst in einem zerstörten Gehäuse." Nach der Rückkehr des Nobelpreisträgers wechselt man ein letztes „Adieu".

Szene: Die Bühne wird zum Saal des „Goldenen Apostels", der eingerichtet ist zum Theaterspielen.

Ein Rundfunkreporter schildert die Gemeindeversammlung zu Ehren der Milliardärin, die selber nicht anwesend ist. Nach – angeblich – alter Tradition nehmen die Männer auf der Gasthausbühne, die Frauen hingegen im Zuschauerraum Platz. Mitarbeiter von Wochenschauen, Fernsehsendern und Reporter aus allen Weltgegenden verfolgen das Geschehen. Zunächst gibt der Bürgermeister eine Erklärung ab: Claire Zachanassian beabsichtige Güllen eine Milliarde zu schenken. Claires Vater, der schlichte Erbauer der schlichten Güllener Bahnhofs-Bedürfnisanstalt, findet dabei ehrenvolle Erwähnung als „bedeutender Mitbürger" und „Architekt".

Redner des Abends ist der Lehrer. Im Stil eines Demagogen, die Güllener durch rhetorische Fragen herausfordernd, begründet er, warum es jetzt notwendig sei, Gerechtigkeit zu praktizieren, mit den Idealen der Altvordern in Gottes Namen blutigen Ernst zu machen. Mit tosendem Beifall wird sein Vorschlag quittiert, die Bedingung zu erfüllen, welche mit der Milliardengabe verbunden ist.

Der Rundfunkmann zeigt sich erschüttert, ob der „sittlichen Größe“ dieser Darbietung, kann sich aber dabei nicht lange aufhalten, weil weiterhin Spannendes vor sich geht. Ill wird vom Bürgermeister gefragt, ob er die Entscheidung der Versammelten respektieren werde. Der Reporter sieht in Ill den Initiator der Stiftung und dichtet ihm „stille Genugtuung“ an. Ill ist bereit, sich dem Spruch der Versammelten zu unterwerfen.
Keine Wortmeldung gibt es mehr vor der Abstimmung. Alle – außer Ill – heben die Hand für „die Gerechtigkeit“.
In Ills Regungslosigkeit sieht der Radiomann einen Ausdruck übergroßer Freude über das Abstimmungsergebnis.
In einer Art liturgischem Wechselgespräch zwischen Bürgermeister und „Gemeinde“ wird die Lauterkeit des Abstimmungsmotivs beschworen; Ill quittiert diese pseudoreligiöse Übung mit dem verzweifelten Aufschrei „Mein Gott!“ Für einen Freudenschrei nimmt's der Kameramann. Auf sein Betreiben hin wird die ganze Abstimmungsszene inclusive der liturgischen Übung wiederholt, weil die Beleuchtung gestreikt hat. Daß der Schrei ausbleibt, betrübt den Kamerakünstler.
Die Medienvertreter werden zu einem Imbiß ins Restaurant gebeten. Den Frauen serviert man Tee im Garten.
Auch Ill will gehen. Er rechnet damit, daß es daheim geschehen soll. Aber man bedeutet ihm, er werde an Ort und Stelle sterben. Die Türen werden geschlossen, das Licht gelöscht. Ill darf noch eine Zigarette rauchen. Den geistlichen Zuspruch des Pfarrers lehnt er ab: „Beten Sie für Güllen“.
Dann ist der Augenblick gekommen. Güllens Männer bilden eine Gasse, an deren Ende jener Turner steht, dessen prächtige Muskeln die alte Dame so beeindruckt haben. Auf Geheiß des Bürgermeisters betritt Ill langsam die Gasse der schweigenden Männer. Durch einen faschistoiden Ausbruch des Polizisten war kurz vorher die gesammelte Stimmung für einen Augenblick unterbrochen. Doch dann geht alles stumm und schnell vorbei. Die Männergasse wird zum Knäuel, das sich langsam niederkauert.

Als das Licht wieder angegangen ist, diagnostiziert der Arzt „Herzschlag“. Der Bürgermeister gibt die Devise aus: „Tod aus Freude“. Die Presseleute nehmen sie begierig auf.
Claire Zachanassian erscheint in diesem Augenblick. Lange betrachtet sie das Gesicht des Toten: „Er ist wieder so wie er war, vor langer Zeit, der schwarze Panther. Deck ihn zu.“
Ihre Begleiter transportieren den Leichnam hinaus. Die Milliardärin gibt Anweisung, die Abreise nach Capri vorzubereiten.
Der Bürgermeister erhält den Scheck über 1 Milliarde.

Szene: Der Bahnhof von Güllen präsentiert sich in extrem luxuriöser Verwandlung. Die Güllener Männer und Frauen in Fräcken und Abendkleidern bilden zwei Chöre, wie sie in der griechischen Tragödie vorkommen.

Die Choristen zelebrieren eine Schicksalsbeschreibung, die an Sophokles „Antigone“ gemahnt.
Sie vergleichen die Armut mit anderen schrecklichen Gewalten und lobpreisen das freundliche Geschick, welches sie von dieser schrecklichsten aller Ungeheuerlichkeiten befreit hat.
Eine Auflistung wohlständischer Annehmlichkeiten endet mit dem spezifisch Güllener Symptom: „Und die Züge,
Die blitzenden hehren
Eilend auf eisernen Gleisen
Von Nachbarstadt zu Nachbarstadt,
völkerverbindend,
Halten wieder.“
Gleichsam zur Illustration erfolgt die Abreise Claire Zachanassians samt Sarg und Gefolge.
Gute Wünsche sendet der Chor nach.
Das Spiel klingt aus mit der inbrünstigen Chor-Bitte an Gott, den neuen Wohlstand und die nötigen Rahmenbedingungen – Friede, Freiheit, Licht – zu bewahren:
„Damit wir das Glückliche glücklich genießen.“

Eine „Anmerkung“ Friedrich Dürrenmatts ergänzt den Komödientext mit unerläßlichen Hinweisen für das tiefere Verständnis der Gestalten, der dramaturgischen Intentionen des Autors und der Botschaft, die er übermitteln will.

Anmerkungen zum Text

S. 99 **Personenverzeichnis**

Claire Zachanassian:
Zachäer nannten sich die Anhänger des Mönchs Zachäus, der im 4. Jh. n. Chr. in Jerusalem lebte; das gemeinschaftliche Gebet verwerfend, wurde er Einsiedler. Als möglich erscheint auch eine klangvolle Anspielung auf den hebräischen Namen Zacharias, 'das Gedächtnis Jehovas'.
In einigen Quellen wird auf den Anklang zu 'Onassis' hingewiesen, dem Reeder und Milliardär, der zuletzt mit der Witwe des ermordeten Präsidenten der USA John F. Kennedy verheiratet war und im Komödientext erwähnt wird.

S. 100 **Güllen:** Das Wort 'Gülle' steht im deutschen Sprachraum landschaftsgebunden für 'Jauche', so auch in der Schweiz. Die symbolische Bedeutung ist unverkennbar.

Erster Akt

S. 102 **Dem naturalistischen Schmierer:** Der literarische Naturalismus wollte die durch die Industriealisierung geschaffenen gesellschaftlichen Verhältnisse, auch das wachsende Elend der Großstädte, in seinen Dichtungen rücksichtslos darstellen. Emile Zola, 1840–1902, gilt als einer der maßgeblichen Literaten. In der bildenden Kunst wurde die genaue Abbildung der Wirklichkeit unter Einschluß des Häßlichen und Elenden angestrebt. Francisco de Goya y Lucientes, 1746–1828, sowie Adolph von Menzel, 1815–1905, waren bedeutende Naturalisten.

S. 102 **Armenian-Oil:** Armenische Öl Gesellschaft

Western Railways: Westliche Eisenbahnen

North Broadcasting Company: Nord-Rundfunk-Gesellschaft

Hongkonger Vergnügungsviertel: In der britischen Kronkolonie Hongkong vor der Südküste Rotchinas steht die kapitalistische Wirtschaftsordnung dem Kommunismus unter speziellen Bedingungen gegenüber. Vor dem ideologischen Streit Chinas mit der UdSSR diente daher Hongkongs Vergnügungsindustrie der internationalen kommunistischen Propaganda als nicht selten zitiertes Demonstrationsbeispiel kapitalistischer Moraldefizite.

Brahms: Johannes B., 1833–1897, deutscher Komponist, Sinfonien, Chorwerke, Instrumentalmusik

Berthold Schwarz: 14. Jh., ein Mönch aus Freiburg i. Br.; vermeintlicher Erfinder des Schießpulvers (Schwarzpulver), das jedoch in China schon bekannt war; tatsächlich hat es Schwarz in Europa bekannt gemacht und die Einführung für Feuerwaffen vorbereitet.

Ecole des Beaux Arts: Schule der Schönen Künste

S. 104 **Freimaurer:** Mitglied der Gemeinschaft des Freimaurerbundes, an dessen Spitze eine Großloge steht; Ziel dieser Bewegung war es, nach sittlicher und geistiger Veredelung zu streben und die eigene Glückseligkeit wie die der Mitmenschen durch gute Taten zu befördern.

S. 111 **griechisch-orthodox:** die christliche Kirche des Orients im Gebiete des früheren Byzantinischen Reichs und Rußlands (dort russisch-orthodox); sie verwirft die Autorität des Papstes.

Pope: Bezeichnung des niederen Geistlichen in der griechisch-orthodoxen Kirche; aus dem griechischen 'pappas', „Vater"

Lorgnon: Monokel mit Stiel; im Gegensatz zur Lorgnette, die zwei Gläser besitzt, welche in der Regel zusammenklappbar sind

S. 113 **Hermine und Adolfine:** Anspielung auf Hermann Göring und Adolf Hitler als spöttischer Seitenhieb auf die häufig vom nationalsozialistischen Propaganda-Apparat geübte Praxis, Führungs-Figuren des „Dritten Reiches" in kitschigen Posen mit Kindern abzulichten

S. 114 **Louvre:** seit 1793 das staatliche Hauptmuseum in Paris, eine der bedeutendsten Kunstsammlungen der Erde; die Bildergalerie umfaßt mehr als 3000 Gemälde.

S. 115 **Interieur:** das Innere, Darstellung der Innenansicht eines Zimmers oder Gebäudeteils

S. 116 **Parze:** urspr. römische Geburtsgöttin, später die Dreiheit der Parzen, die als Schicksalsgottheiten aufgefaßt wurden und den griechischen Moiren gleichstanden

Klotho: griech. „Spinnerin"; eine der Moiren genannten Schicksalsgottheiten, die oft als alte Frauen dargestellt wurden; Klotho spinnt den Lebensfaden.

S. 116 **Orkus:** der römische Gott der Unterwelt und Herr der Toten, der das Leben dahinraffende Gott; aber auch das Reich des Totengottes selbst

Lais: zwei wegen ihrer Schönheit berühmte griechische Hetären; die ältere stammte aus Korinth, die jüngere aus Sizilien; der Lehrer hätte, um korrekt zu sein, von einer „dritten" Lais sprechen sollen.

S. 122 **Bonmots:** frz., geistreiche Witzworte

S. 125 **Appellationsgericht:** Berufungsgericht

S. 126 **Eunuchen:** entmannte Haremswächter; im übertragenen Sinne auch jeder Entmannte

S. 129 **Jugendstilfassade:** Stilrichtung in Deutschland, etwa 1896–1910; entstand unter englischem Einfluß als Gegenbewegung gegen die in geschichtlichen Stilformen befangene Kunst des 19. Jahrhunderts; flächenhaftes Schmuckwerk aus stilisierten Tier- und Pflanzenformen in langgedehnten, schwungvollen Linien ist charakteristisch; Max Frisch verwendet in seinem Roman 'Stiller' das Jugendstilmotiv.

S. 134 **Ganghoferfilme:** Ludwig Ganghofer, 1855–1920, schilderte als populärer Erzähler vorwiegend das Bauerntum in der Landschaft des oberbayerischen Raums; in den fünfziger Jahren wurden seine Bücher zur Grundlage einer ganzen Serie von triefend sentimentalen „Heimatfilmen".

Graham Greene: geb. 1904, in Südfrankreich lebender englischer Schriftsteller; er zählte wie Friedrich Dürrenmatt zu den Teilnehmern des Moskauer Friedensforums im Februar 1987.

S. 137 **Ike schreibt:** gemeint ist der amerikanische Präsident und Weltkriegs-II-General Dwight David Eisenhower, 1880 – 1969, dessen Amtszeit von 1953 – 1961 währte

S. 140 **Menuett:** graziöser Tanz im ¾-Takt, der aus Frankreich stammt

Buckinghampalast: Buckingham Palace: Schloß im Londoner Stadtteil Westminster; seit 1837 Wohnsitz der englischen Könige

Yorkshire: Grafschaft im östlichen England

Sphinx: in der ägyptischen Kunst eine Mischgestalt als sinnbildliche Darstellung des Herrschers; sie besteht aus dem Körper eines Löwen, der den Kopf eines Königs trägt; hier ist die berühmte Sphinx der Pyramiden von Giseh gemeint

S. 141 **Der Präsident der Weltbank:** Internationale Bank für Wiederaufbau und Entwicklung; engl. International Bank for Reconstruction und Development; Sitz in Washington; gegründet 1945, erhielt 1947 den Status einer UN-Spezialorganisation

S. 144 **Onassis:** Aristoteles Sokrates O., 1906 – 1975, Argentinier griechischer Herkunft, Multimillionär, u.a. Besitzer einer riesigen Flotte mit über 1,25 Millionen Bruttoregistertonnen

S. 146 **die Liturgie:** im kirchlichen Sprachgebrauch die Formulare für die gottesdienstlichen Handlungen

S. 147 **Passionsspiele in Oberammergau:** Infolge eines während der Pestzeit getanen Gelübdes werden in dem oberbayerischen Dorf seit 1634 alle zehn Jahre von Einwohnern Passionsspiele aufgeführt, die hauptsächlich auf der 1566 von Sebastian Wild geschaffenen Textvorlage beruhen, wenngleich diese inzwischen mehrfach bearbeitet worden ist. Oberammergau wird bei entsprechender Vermarktung für diese Zeit zum internationalen Treffpunkt.

S. 152 **Geiselgasteig:** das Studiogelände der Bavaria-Filmgesellschaft München

S. 153 **rachitische Patienten:** Rachitis, die 'Englische Krankheit', bewirkt Veränderungen am Knochenbau durch Stoffwechselstörungen bei Vitaminmangel; sie galt als typisches Mangelleiden der sozialen Unterschicht

S. 154 **Medea:** in der griechischen Sage die zauberkundige Tochter des Königs von Kolchis; sie half Iason, das Goldene Vlies zu gewinnen und wurde nach der Flucht mit den Argonauten dessen Gattin; später tötete sie ihre Rivalin Glauke, deren Vater Kreon sowie ihre eigenen beiden Kinder und floh nach Athen. Der Stoff wurde häufig dramatisch bearbeitet (Euripides, Seneca, Corneille, Grillparzer, Anouilh)

S. 161 **ein Bewunderer Platos:** griechischer Philosoph, 428 – 348 v. Chr., Begründer der idealistischen Linie in der Philosophie; unterhielt in Athen eine eigene Lehr- und Forschungsstätte, die 'Akademie'; Platon, wie sein Name im allgemeinen wiedergegeben wird, war ein Schüler des Sokrates; sein Hauptwerk 'Der Staat' war, wie Platons gesamte Philosophie, von dem Bestreben durchdrungen, die griechische Polis vor drohendem Verfall zu retten.

S. 169 **Messerschmidts:** Messerschmidt-Kabinenroller; ein überdachtes Straßenfahrzeug mit geringem Komfort aus der Anfangszeit der Motorisierung nach dem zweiten Weltkrieg; es verkörpert eine Art Übergang vom Motorrad zum Personenkraftwagen

c'est terrible: frz., das ist schrecklich

Buick: amerikanische Automarke für 'Straßenkreuzer'

S. 170 **Adalbert Stifter:** 1805 – 1868, österreichischer Erzähler und Romancier

S. 181 **der Prophet Amos:** einer der kleinen Propheten, Hirt aus Tekoa bei Bethlehem, predigte um 800 v. Chr. gegen die Abgötterei in Israel

S. 183 **Apotheose:** Vergötterung; im Theaterjargon ein verherrlichendes Schlußbild

S. 184 **Chöre der griechischen Tragödie:** „Das antike Drama ist ohne die Musik der Chöre, ohne die Musikalität der Sprache der Schauspieler nicht denkbar", sagt Ernst Buschor und würdigt an anderer Stelle die Bedeutung des Chores als „gedankliches, sinnerklärendes Element". (Über das griechische Drama, S. 19 bis 21). – zitiert nach: Reinhard Kästler, Erläuterungen zu Sophokles 'Antigone', S. 57 – Band 41 dieser Reihe

S. 185 **Rembrandt auf Rubens:** Rembrandt Harmensz van Rijn, 1606 – 1669; genialer holländischer Maler –
Peter Paul Rubens, 1577 – 1640, bedeutendster Maler des flämischen Barocks

Die Figuren der tragischen Komödie

Claire Zachanassian, geb. Wäscher

'Klara' leitet sich her vom Lateinischen: die Helle, Berühmte. Ehe die vormalige Klara Wäscher leibhaftig ins Spiel tritt, bilden sich denn auch Konturen der Milde und Güte ab. Die Spital- und Kirchenstifterin wird gepriesen. Ihre Wohltätigkeit gibt Güllen Zukunftshoffnungen, wenn man nur zartfühlend, klug und psychologisch richtig mit der Heimkehrenden umginge. Auch eine Rückblende fehlt nicht, in jene Zeit vor mehr als vierzig Jahren. Ill, der es ja wissen muß, malt mit Worten das Porträt der Person gewordenen Verführung: vom wehenden Rotschopf bis zur gertenschlanken Biegsamkeit des begehrenswerten, hellhäutigen Leibes ganz und gar eine „verteufelt schöne Hexe".

Genährt von egoistischem Hoffen der Güllener, entsteht in dieser Anfangsphase der Handlung eine illusionäre Projektion von der nahenden Milliardärin.

Wenn sie dann in der Handlung erscheint, widerspricht die Wirklichkeit der Güllener Selbsttäuschung im entscheidenden Punkt: Diese „Kläri" kennt keine Sentimentalitäten, wie sie Jugenderinnerungen oder Heimatliebe gemeinhin heraufzureizen pflegen. Die Regiekünste der Güllener Standespersonen gehen ins Leere.

Das 'Bildnis' (Max Frisch !), was man sich von ihr gemacht hat, ist falsch. Und es wird dadurch keineswegs richtiger, daß durchaus einige der früheren Wesensmerkmale auch bei der Zweiundsechzigjährigen wiedererkannt werden können: ihr rotes Haar, eine seltsame Grazie, ja sogar jener Charakterzug provokanter Ungeniertheit, den man in der feierlichen Begrüßungsrede zu unbestechlicher Gerechtigkeitsliebe hochzustilisieren trachtete. So nennt sie sich selber alt und fett, bekennt sich uneitel zu ihrer Beinprothese und fegt des Bürgermeisters Lobhudeleien mit schonungslosen Selbstbekenntnissen vom Tisch.

Ihr Äußeres wird geprägt von der Widersprüchlichkeit eines sensationellen Lebensweges, der die stadtvertriebene Kleinbürgerstochter erst zur Bordelldirne und dann zur Gattin und späteren Erbin des reichsten Mannes der Welt werden läßt. Da mischen sich Demimonde und Große Welt; zu viel und zu großes Geschmeide gesellt sich zur Haltung einer Dame von Rang, Tingel-Tangel-Stil zur Salon-Attitüde.
Allein das Wissen um einen Vermögenshintergrund von ehrwürdigen Dimensionen läßt die Erscheinung der alten „Dame" nicht im Parvenühaften verkommen. Die Veranschaulichung ihres Werdeganges gipfelt in einem Symbol: Die Hure Klara ist in ihrem ursprünglichen Erwerbszweig zur Großunternehmerin aufgestiegen. Sie gebietet über einen wahren Mikrokosmos der Käuflichkeit, das Hongkonger Vergnügungsviertel.
Gleich diesem Detail tragen die Handlungsaktivitäten der Claire Zachanassian im Grunde sämtlich zu einer Berichtigung jenes Trugbildes bei, das vor ihrer Ankunft entworfen worden ist.
Man hoffte auf ihre Heimatverbundenheit. Sie nennt Güllen im Moment des Wiedersehens ein „trauriges Nest".
Man erwartete, Tränen in ihren Augen zu sehen. Sie hält ironisch Rückblick.
Man rechnete auf ihr Mitleid angesichts der Güllener Misere. Sie hat sie selber herbeigeführt.
Man zählte auf ihre Mildtätigkeit. Sie zwingt den Güllenern einen harten Handel auf.
Man glaubte an ihre Güte. Sie verlangt einen Mord.
Mit diesen gleichsam öffentlichen Güllener Fehleinschätzungen korrespondieren die individuellen Erfahrungen Ills. Die Beschwörung vergangener Liebestage löst keinerlei Echo bei Claire aus. Auch nicht das Wiedersehen mit den einstigen Liebesschauplätzen. So endet der Besuch im Konradsweilerwald mit Ills Prothesen-Handkuß in grausamer Gefühlskälte.
Offenkundig atmet Claire Zachanassian in einer selbstgeschaffenen unmenschlichen Welt, die für Gemütsbewegungen keine Verwen-

dung hat. Wie sie früher von Männern gebraucht und dann vergessen wurde, verschleißt sie jetzt ihre numerierten Gatten. Die Marotte, daß alle Namen ihres Gefolges auf –y zu enden haben, ein schwarzer Panther als Haustier, ein leerer Sarg im Reisegepäck, das Gnadenlose ihrer „Gerechtigkeit", die auf ihren Befehl geblendeten und kastrierten Meineid-Zeugen, daß sie von ihrem toten Kind als „das Ding" spricht – dies alles fügt sich zu einer Daseinsform des Makaber-Seelenlosen und Menschenverachtend-Machtbewußten, und es trägt dazu bei das falsche Eingangsbildnis von der Milliardärin weiter zu korrigieren.

Ahnungsvoll findet der Lehrer als erster einen Nenner für das Ergebnis solcher Berichtigung. Die alte Dame in ihren schwarzen Gewändern will ihm vorkommen „wie eine Parze, wie eine griechische Schicksalsgöttin".
Es liegt nahe, an eine kontrastierende Anspielung auf die Ursprungsbedeutung des Namens Klara zu denken.
Claire Zachanassians verkrüppeltes Seelenleben findet seine Erklärung in zwei Ursachen: zu viele Erniedrigungen und zu viel finanzielle Macht.
Sie ist zu reich, um noch menschlich zu sein: „Die Welt machte mich zu einer Hure, nun mache ich sie zu einem Bordell".
Sie sieht sich selbst als ein „Götzenbild aus Stein" und erklärt dem Opfer Ill die ihr eigene Gnadenlosigkeit: „Meine Liebe konnte nicht sterben. Aber auch nicht leben. Sie ist etwas Böses geworden wie ich selber, wie die bleichen Pilze und die blinden Wurzelgesichter in diesem Wald, überwuchert von meinen goldenen Milliarden". Wie diese Bühnengestalt zu deuten ist, hat Dürrenmatt unmißverständlich vorgegeben:

"Claire Zachanassian stellt weder die Gerechtigkeit dar, noch den Marshallplan oder gar die Apokalypse, sie sei nur das, was sie ist, die reichste Frau der Welt, durch ihr Vermögen in der Lage wie eine Heldin der griechischen Tragödie zu handeln, absolut, grausam, wie

Medea etwa. Sie kann es sich leisten. Die Dame hat Humor, das ist nicht zu übersehen, da sie Distanz zu den Menschen besitzt zu einer käuflichen Ware, Distanz auch zu sich selber, eine seltsame Grazie ferner, einen bösartigen Charme. Doch, da sie sich außerhalb der menschlichen Ordnung bewegt, ist sie etwas Unabänderliches, Starres geworden, ohne Entwicklung mehr, es sei denn die, zu versteinern, ein Götzenbild zu werden. Sie ist eine dichterische Erscheinung ....“[22)]

Von ihrer Anlage her didaktisch gemeint, zeigt sich die Claire-Figur dem Grotesken verpflichtet. In dieser speziellen Entfaltungsweise des Komischen durchdringen einander Satirisches und Phantastisches. Hinzu gesellen sich Figurenaspekte der Ironie.
Es scheint schlechterdings unmöglich, die alte Dame nach den Maßstäben der reinen Lehre einzuordnen.
Als facettenreiche Produktion Dürrenmattscher Phantasie steht sie beherrschend im Zentrum des Güllen-Spektakels, bedrückend, bedrohlich, übermenschlich, erbarmungslos. Sie gleicht einer antiken Gottheit, die gelegentlich Neigungen erkennen läßt, an den ihr Ausgelieferten ihren grausamen Witz – im Lessingschen Sinne des Wortes – zu probieren. Das ist es wohl, was der Autor in seinem Charakterisierungstext nachfragewürdig „Humor“ nennt: „Ähnlich der antiken Schicksalsgöttin schien auch Claire außerhalb des Zeitstromes zu stehen. Sie wirkte, und ihre Wirkung brachte Menschen zur Erfüllung oder zum Fall; sie selbst aber, versteinert in ihrer eigenen Größe, blieb unantastbar. Diese Unverwundbarkeit gab der alten Dame einen Grad der Unpersönlichkeit, ja der menschenfernen Kälte, die .... an die steinernen Herzen der Schicksalsgöttinnen erinnerte.“[23)]
Manche formelhafte Prägung hat diese Bühnengestalt bei der Kritik herausgefordert: „Erinnye“ (Schüler) steht neben „Person ... der Weltangst und des Weltgerichts“ (Bänziger), „überlebensgroßer

---

22) Friedrich Dürrenmatt, Komödien, S. 188 f.

23) Michael Peter Loeffler, Friedrich Dürrenmatts 'Der Besuch der alten Dame' in New York, S. 67

Götze“ und „versteinertes Ungeheuer“ (Brock-Sulzer) neben „faszinierende Neuformung eines antiken Musters“ (Loeffler), „Funktion der absoluten Instanz“ (Durzak) neben “Werkzeug der Dramaturgie“ (Kuckhoff).
Claire Zachanassian, geb. Wäscher fasziniert Kritik und Publikum gleichermaßen, ein Glücksfall für das zeitgenössische Theater.

III

„Ist Claire Zachanassian unbewegt, eine Heldin von Anfang an, wird ihr alter Geliebter erst zum Helden. Ein verschmierter Krämer, fällt er ihr zu Beginn ahnungslos zum Opfer, schuldig, ist er der Meinung, das Leben hätte von selber alle Schuld getilgt, ein gedankenloses Mannsbild, ein einfacher Mann, dem langsam etwas aufgeht, durch Furcht, durch Entsetzen, etwas höchst Persönliches, der an sich die Gerechtigkeit erlebt, weil er seine Schuld erkennt, der groß wird durch sein Sterben (sein Tod ermangle nicht einer gewissen Monumentalität). Sein Tod ist sinnvoll und sinnlos zugleich. Sinnvoll allein wäre er im mythischen Reich einer antiken Polis, nun spielt sich die Geschichte in Güllen ab. In der Gegenwart.“[24]
In Dürrenmatts Deutung der Ill-Figur wird nicht von ungefähr auf den kleinstädtischen Handlungsraum verwiesen: denn der Krämer ist zu Beginn der Handlung ganz und gar Güllener Mitbürger. Er nimmt offensichtlich eine bevorzugte Stellung im Städtchen ein. Sein Wort gilt etwas, sein Rat ist gefragt, zumal in allem, was Klara Wäscher betrifft. Unversehens war Ill zum Hoffnungsträger avanciert, da die Milliardärin ihren Heimatbesuch avisiert hat.
Vor fünfundvierzig Jahren hatte Ill um den Preis der Einheirat in Mathilde Blumhards Kleinladen seine Geliebte verraten.
Jetzt wird er zum Wiederholungstäter: „Ich weiß. Die Zachanassian soll mit ihren Millionen herausrücken.“

24) Friedrich Dürrenmatt, Komödien, S. 189

Wie zum Lohn nennt ihn der Bürgermeister die „seit langem schon ... beliebteste Persönlichkeit" der Stadt und stellt Ill den Bürgermeistersessel in Aussicht. Sichtlich geschmeichelt, reagiert der solchermaßen Motivierte mit um so willfährigerem Eifer, ganz eine Krämerseele – auch bei diesem 'Geschäft'. Selbstzufrieden, angepaßt, fern aller Ideale, präsentiert sich ein schäbiger Charakter in einer schäbigen Umgebung.

Eingelullt von dem scheinbar aufs Erinnern gerichteten Gehabe der alten Dame, überwindet er schnell anfängliche Unsicherheit. Obwohl mit fast fünfundsechzig Jahren beinahe ein Greis, gibt sich Ill der Vorstellung hin, Claire stünde auch heute noch im Banne seiner Männlichkeit.

Die schreckliche Wahrheit unbewußt vorwegnehmend, nennt er sich ihren schwarzen Panther und wird jählings auf die Realität zurückgeworfen: „Unsinn. Du bist fett geworden. Und grau und versoffen." Die erinnerliche Zweisamkeit im Konradsweilerwald sieht einen weinerlichen Ill, der seine miese Vergangenheit spielend bewältigt, indem er sie verfälscht, seine miese Gegenwart aber nicht Mitleid heischend genug beklagen kann.

Als Claire Zachanassian großzügige Finanzhilfe für Güllen in Aussicht stellt, wähnt sich Ill am Ziel seiner Wünsche; denn ihm würde die Stadt diesen Erfolg zurechnen müssen, ihm und keinem anderen. Seine Illusion erfährt eine letzte Steigerung, als die alte Dame im Wirtshaussaal ihre Zusage präzisiert: eine Milliarde für Güllen. Gleich darauf muß er aus dem Munde des Butlers Boby alias Oberrichter Hofer die Anklage vernehmen. Die Vergangenheit hat ihn eingeholt. Formaljuristisch sind seine Taten längst verjährt und damit der Verfolgung entzogen. Aber Ill sieht sich vor einer moralischen Instanz, die obendrein über schreckliche Schergen verfügt: die Glücksverheißungen einer Milliardenkaufkraft.

So erweist sich die Allerweltsformel „Das Leben ging doch längst weiter" als untauglich zu jenem Schutz, den Ill jetzt bitter nötig hat und den ihm die Solidarität der Güllener im bedrängtesten Augenblick wie selbstverständlich zu bescheren scheint.

Zunächst sieht es so aus, als wäre Ill aus dem Doppelereignis Milliardenankündigung/Anklageerhebung unbeschadet hervorgegangen. Tatsächlich aber vollziehen sich von diesem Augenblick an das Versinken der Güllener im Morast der Unmoral und Ills Aufstieg zum „Gewinn seiner Seele“ (Brock–Sulzer) als eine Art Gegenbewegung. Man hat in „diesem Dreischritt vom lumpigen Verräter über das sühnebereite Opfer zum Mann der einfachen mutigen Tat....eine abenteuerliche innere Reise Ills“ erkannt.[25)]
Der Krämer erlebt seine Metamorphose als Weg nach Golgatha. Aus der Selbsttäuschung heraus führt er über Enttäuschungen und Erniedrigungen, durch Ängste, Zweifel und Einkreisungssituationen schließlich zu bewußter Sühnebereitschaft.
Schon bald beginnt die solidarische Haltung der Güllener zu zerbrökkeln. Ills Kunden machen größere Schulden. Alle tragen neue gelbe Schuhe.[26)] Der Polizist verweigert dem Geängsteten jede Hilfe gegen die Milliardärin. Der Bürgermeister nimmt nicht nur die Wahlzusage zurück, sondern erhebt obendrein moralische Vorwürfe gegen den Hilfesuchenden. Der Pfarrer will sich ihm mit Hilfe vorgeschützter Amtspflichten entziehen. Allesamt zeigen Attribute des neuen Wohlstands, von der Seidenkrawatte bis zur Kirchenglocke. Jeder ist bewaffnet, denn die Jagd nach dem schwarzen Panther der Zachanassian befindet sich in vollem Gange. Ills Post wird nicht befördert. Sein Versuch, Güllen zu verlassen, scheitert. Schließlich nimmt auch die eigene Familie teil am allgemeinen Vorgriff auf die Milliarde, die sein Tod einbringen wird. Fast unmerklich geht die Jagd auf den schwarzen Panther in eine Jagd auf Ill über.
Im dritten Akt ist ursprüngliche, spontane Solidarisierung mit Ill seiner Isolierung gewichen. Es kommt zu offener Anklage: „Was Sie Klär-

25) Michael Peter Loeffler, a. a. O., S. 88

26) Das Motiv der gelben Schuhe weist eine gewisse Verwandtschaft auf zur ‘Judenschau‘ in Max Frischs ‘Andorra‘: „Barfuß müssen die Vermummten über den Platz marschieren. An ihren Füßen werden die Juden unter ihnen erkannt“. – Reinhard Kästler, Erläuterungen zu Max Frisch. Andorra, S. 47

chen angetan haben, tut nur ein Schuft", erklärt der Metzger Hofbauer. Doch er hält es einem Gewandelten entgegen.
In tagelanger schmerzvoller Klausur hat sich Ill zur Annahme seines Schicksals entschlossen: „Ich habe Klara zu dem gemacht, was sie ist, und mich zu dem, was ich bin, ein verschmierter, windiger Krämer.....
....Ich kann mir nicht mehr helfen und auch euch nicht mehr." Innere Festigkeit ist Ill zugewachsen in seiner qualvollen Entscheidung. Die ihm angetragene Selbstmordlösung weist er zurück: „Ihr müßt nun meine Richter sein....".
Bei einer Autofahrt mit der Familie nimmt Ill Abschied vom Leben. Bevor der Mord an ihm als bedeutendes Medienspektakel inszeniert wird, kommt es noch einmal zu einem Zusammentreffen mit Claire: „Zur zweiten Begegnung kommt es, nachdem er seine Täuschung einsehen mußte, zum gejagten Tier wurde, aber schließlich eine moralische Wiedergeburt durchmachte und seine Schuld akzeptiert und damit auch den Tod als Sühne. Dieses Treffen vollzieht sich gegen Ende des dritten Aktes kurz vor Ills Verurteilung im Konradsweiler Wald, jenem Ort, der mit ihrer einstigen Liebesidylle identisch ist. Es handelt sich geradezu im klassischen dramaturgischen Sinn um eine retardierende Szene, die kurz vor dem Sichereignen der Katastrophe eingeschaltet ist. Es kommt zur ersten menschlichen Kommunikation nach ihrem Wiedersehen, zum Gespräch über jenes Kind, das Ill seinerzeit verleugnete. Indem beide die Vergangenheit reflektieren, wird der Konflikt auf der personalen Ebene Ills und Claires gelöst.
Ill ist von der Gewißheit seines Todes überzeugt, er akzeptiert ihn als Abschluß eines 'sinnlosen Lebens'. Claire, die seinen Leichnam nach Capri bringen will, gesteht ihm, daß ihre Liebe zu ihm nie gestorben ist....".[27)]
Kritiker werten die Ill-Gestalt von recht differenzierten Ansätzen her, ihr so – der Claire-Figur ebenbürtig – Facetten-Reichtum und theatralisches Anziehungsvermögen bescheinigend, wie einige ausgewählte Belegstellen repräsentativ veranschaulichen mögen.

27) Manfred Durzak, Dürrenmatt. Frisch. Weiss, S. 101 f.

So summiert Manfred Durzak mit sachlicher Kühle: „Die physische Vernichtung Ills korrespondiert bei ihm mit einem Durchbruch zu seiner moralischen Persönlichkeit“.[28)]

Elisabeth Brock-Sulzer wertet ähnlich, wenngleich deutlich euphorischeren Tones: „Nur einer gewinnt, Ill, der Verkaufte, der einstmalige schäbige Verführer und Meineidige, er gewinnt in der Gefährdung endlich seine Seele und stirbt als tapferer Mensch.“[29)]

Auch der Aspekt des Tragischen rückt in den Blickpunkt: „Indem Ill die Schuld annimmt und sich der nochmaligen Unterwerfung unter die korrupte Gesellschaft entzieht, gehört ihm das Tragische, die noch mögliche Tragik des mutigen Menschen, der ‘die verlorene Weltordnung (....) in der Brust wiederherstellt‘, wie es in den ‘Theaterproblemen‘ hieß.“[30)]

An anderer Stelle findet sich eine interessante Begründung für das offenkundige Mißverhältnis zwischen Schuld und Sühne in Ills Sterben: „Daß die Bestrafung Ills in keinem Verhältnis zu seiner Schuld steht, die er – nach Ansicht des Zuschauers – durch sein elendes Leben schon längst gebüßt hat, paßt zum Bild des sadistisch-rachsüchtigen Gottes der Frühwerke. Im ‘Besuch‘ hat Dürrenmatt seinem üblen Gott zum erstenmal eine sichtbare Gestalt gegeben.“[31)] Die Verbindung zwischen Religiösem und Gesellschaftskritischem in der Ill-Figur unterstreicht Armin-Gerd Kuckhoff: „Am schwersten zugänglich ist die Gestalt des Ill. Sie ist in schwer erfaßbaren religiösen Bereichen verwurzelt: Schuld und Sühne spielen eine Rolle, das ursprünglich calvinistische Prinzip der Auserwähltheit des einzelnen in einer Art ‘Gnadenwahl‘, die sich im Opfer, in einer Art von weltlicher Passion verwirklicht. Ills Tod ist ‘sinnvoll und sinnlos zugleich‘, heißt es im Nachwort. Schauerlich grotesk wird die ‘gewisse Monumentalität‘

28) ebenda, S. 94

29) Elisabeth Brock-Sulzer, Dürrenmatt in unserer Zeit, S. 34

30) Jan Knopf, Friedrich Dürrenmatt, S. 91 f.

31) Armin Arnold, Friedrich Dürrenmatt. Köpfe des XX. Jahrhunderts. Band 57, S. 47

seines Todes dadurch, daß gerade er, ein kleiner schäbiger Opportunist, das Opfer auf sich nimmt und der in ihrer Menschlichkeit versagenden Gemeinde Güllen die äußere Bestätigung in der Welt des 'Wirtschaftswunders' gibt."[32]

Wie die Gestalt der Milliardärin Claire Zachanassian gereicht auch die Figur des Krämers Alfred Ill dem zeitgenössischen Theater zur Ehre. Bedeutende Schauspieler wie der Ur-Ill Gustav Knuth oder der großartige Günter Lamprecht als Gegenspieler Romy Schneiders haben sie brillant gestaltet.

Die Würdenträger von Güllen

Individuelle Ausprägung erfahren neben den beiden Hauptgestalten Güllens Amtsträger in ihren unterschiedlichen Zuständigkeiten: der Bürgermeister als Repräsentant der Stadt-Legislative, als Exekutiv-Organ der Polizist, der Arzt für das physische, der Pfarrer für das seelische und endlich der Lehrer für das geistige Wohl Güllens.
„Zu den Helden treten die Güllener, Menschen wie wir alle", merkt Friedrich Dürrenmatt an.[33]

Dies gilt ohne Einschränkung für die beamteten Honoratioren. Der Bürgermeister verfügt augenscheinlich über unbestrittene Autorität, spricht ihn doch der Pfändungsbeamte sogar in der dritten Person an. Seine Anweisungen für das Empfangszeremoniell sind klar und präzise. Souverän handhabt er die Mittel der Selbstdarstellung – freilich eingeengt durch ökonomische Gegebenheiten. Kommunalpolitische Routine ist ihm genauso zur zweiten Natur geworden wie Schönreden.

32) Armin-Gerd Kuckhoff, Friedrich Dürrenmatt. Komödien. Nachwort, S. 351
33) Friedrich Dürrenmatt, Komödien, S. 189

So genügen wenige, sparsame Fakten über die frühere Klara Wäscher, damit sich das Stadtoberhaupt gewappnet fühlen kann für seine Begrüßungsansprache. Daß die eruierten Tatsachen auf den Kopf gestellt werden müssen, um im gewünschten Sinne zu wirken, stört ihn dabei nicht.

Mit psychologischem Gespür trägt er Ill die Nachfolge im Bürgermeisteramt genau zur rechten Stunde an.

Für die große Empfangsszene setzt der Routinier auf Bewährtes: Heimattümelei, Familienidylle, Rührseligkeit – ganz nach gängiger Politikerweise.

Gewandte Umgangsformen stehen ihm zu Gebote – etwa bei der Vorstellung von Güllens Society – wie schnellzüngige Rhetorik, erprobt bei tausend kommunalpolitischen Gelegenheiten. Die routinierte Oberflächlichkeit seines Redeinhalts geht zusammen mit der Fähigkeit, von außen herangetragene Impulse – hier sind es Ills geflüsterte Richtigstellungen – blitzschnell einzufunktionieren.

Dieser Bürgermeister ist kein extraordinärer Bösewicht. Seine spontane Antwort: „Die Gerechtigkeit kann man doch nicht kaufen!" kommt im Augenblick, da sie ausgesprochen wird aus ehrlichem Herzen. Und wenngleich das Pathos politischer Routine hörbar mitschwingt, gilt das wohl auch für die Bekundung: „Lieber bleiben wir arm denn blutbefleckt".

Wenn der Bürgermeister sich dem hilfesuchenden Ill gegenüber auf Güllens humanistische Traditionen beruft, ist dies hingegen schon reine Sophisterei.

An der Gestalt des Stadtoberhauptes vollzieht sich exemplarisch die Verführung durch das große Geld – sichtbar ebenso an einer neuen Seidenkrawatte wie am Bauplan für ein neues Rathaus. Anpassungsfähig und wendig, sucht er sehr früh die Distanz zu Ill, nicht ohne ihn seiner fortdauernden Freundschaft zu versichern. Der Bürgermeister sorgt dafür, daß die Wahrheit unter der Decke bleibt, als Ill Selbsttötung ablehnt, indem er mit einer offenen Morddrohung dem potentiellen Opfer das Schweigen abpreßt.

Beim tödlichen Medienspektakel wirkt er als Moderator.

Sein moralischer Tiefpunkt scheint erreicht in jenem pseudoreligiösen Ritual, das die Untat zu rechtfertigen bestimmt ist. Aber es geht noch tiefer mit der verlogenen Diagnose: „Tod aus Freude".

Die moralische Demontage eines Durchschnittlichen vollendet sich in teuflischer Heuchelei.
Die uniformierte Macht in Güllen repräsentiert der Polizist, Wachtmeister Hahncke. Er führt sich mit einer Geste in das Spiel ein, die zeigt, daß er Güllener unter Güllenern zu sein versteht: Natürlich drücke er gelegentlich ein Auge zu, versichert er treuherzig der Milliardärin.
Ergebenheit und Anmaßung mischen sich in seinem Auftreten. Die Blinden erkennen ihn am typischen Polizisten–Ton: nicht ohne Witz, ein bißchen schnodderig, ganz verständnisvoller Mitmensch, dem man gefälligst zu parieren hat.
Seinen bedeutendsten Auftritt findet er in der Konfrontation mit Ill im Polizeibüro.
Mit unverfrorener Rabulistik erklärt er den Straftatsbestand der öffentlichen Anstiftung zum Mord an einem Mitbürger zur harmlosen Schrulle, die nicht ernstgenommen werden kann, solange niemand wirklich an die Ausführung geht.
Von Ill auf den neuen Goldzahn angesprochen, verfällt er verlegen in militärische Schnarrtöne mit kurzen, abgehackten Sätzen.
Im Verhalten des Polizisten gibt es unübersehbare Parallelen zu dem des Bürgermeisters, wenngleich auf einem niederen sozialen Niveau. Sie offenbaren sich in der Vergleichbarkeit ihrer Haltung gegenüber Ill, in der unmittelbaren Aufeinanderfolge der beiden Konfrontationsszenen mit dem potentiellen Opfer und der Zuordnung aus dem üblichen Rahmen fallender Wohlstandssymbole – ein Goldzahn beim einen, der Bauplan für das neue Stadthaus beim anderen.
Sie finden gleichsam symbolisch Ausdruck, unmittelbar bevor Ill in die Todesgasse geschickt wird: „Erheben Sie sich, Alfred Ill", fordert das Stadtoberhaupt.
„Steh auf, du Schwein", echot sein Ordnungsorgan.

Güllens Arzt, Doktor Nüßlin, besitzt das einzige Auto in der Stadt, einen Mercedes von 1932.
Er ist fünfzig Jahre alt, untersetzt, hat borstiges, schwarzes Haar und trägt Schnurrbart. Sein Gesicht zieren sogenannte Schmisse, Mensurnarben aus der Studentenzeit. Dieselben lassen Schlüsse zu auf den sozialen Hintergrund des Mediziners; denn die Zugehörigkeit zu einer „schlagenden Verbindung" setzte im Regelfall erhebliche finanzielle Aufwendungen der Eltern des betreffenden Studenten voraus.
Die hintersinnig–makaberen Provokationen der Milliardärin vernimmt er ohne Amüsiertheit: „Ich weiß nicht! Solche Späße gehen durch Mark und Bein."
Zwanzig Jahre Stadtarzt, hat Doktor Nüßlin aus Verbundenheit mit Güllen einen Lehrauftrag der Universität Erlangen abgelehnt.
An der Seite des Lehrers nimmt er an dem Versuch teil, die Milliardärin zum Einlenken zu bewegen. Ihren Enthüllungen darüber, wem Güllens Misere zu verdanken ist, folgt er mit ratlosem Entsetzen.
Der allgemeinen Verführbarkeit freilich unterliegt auch der Mediziner. So ist er dabei, als Ill vom Bahnhof aus abreisen will und begegnet später der Ill–Familie während ihrer Autofahrt in seinem neuen Mercedes 300.
Zum Mittäter wird er durch die pflichtwidrige Bekundung einer falschen Todesursache: „Tod durch Herzschlag". Genau wie es die Milliardärin einst von ihm gefordert hat.
Güllens Pfarrer gehört zu jener Art von Frömmlern, die selbst aktive Christen in Scharen aus den Kirchen treiben können. Nicht die Menschen stehen für ihn im Vordergrund, sondern religiöse Formeln. Wenn die Milliardärin in klarem Sinnbezug Güllens einzige Hoffnung genannt wird, ergänzt er mahnend und völlig überflüssig: „Außer Gott."
Von Ills Jugendaffäre hat er zwar gehört, aber nichts Genaues. Eindringlicher nachzufragen, ist nicht die rechte Stunde. Denn es gilt, den Angriff auf das Portemonnaie der Zachanassian voranzutragen. Und hier ist der geistliche Herr mit dem Herzen dabei, hat man doch selbst die Kirchturmglocke versetzen müssen.

Konsterniert vernimmt er die Prophezeihung des Gastes, man werde die Todesstrafe womöglich wieder einführen. Später wird er als geistlicher Beistand an ihrem Vollzug teilhaben.
Seine Sakristei scheint Ills letzte Zuflucht, als dieser hilfesuchend durch die von der Pantherjagd bewegte Stadt hastet. Auch der Pfarrer ist bewaffnet. Für Ills qualvolle Angst hat er ausschließlich religiöse Leerformeln bereit: „Man soll nicht die Menschen fürchten, sondern Gott, nicht den Tod des Leibes, den der Seele."
So geht es eine ganze Weile fort, und schließlich steht Ills Todesnot zum positiven Läuterungserlebnis umgelogen da.
Das Pharisäertum des Pfarrherrn hält an, bis der volle Ton einer neuen Kirchenglocke in die Sakristei dringt – gleichsam als akustischer Beleg für die Verführbarkeit der Glaubenden und ihres Hirten. Selbst in diesem Augenblick, da er unter dem Bewußtsein seiner Schwäche dem todgeweihten Ill in die Arme sinkt, bedient er sich der sprachlichen Prägungen seines Amtes und kleidet ohnmächtigen Rat in die Worte des Vaterunsers: „...führe uns nicht in Versuchung.." Ill soll fliehen.
Daß des Pfarrers Pharisäertum nichts Aufgesetztes hat, das lediglich zur Maskierung der eigenen Bestechlichkeit herhalten muß, erweist sich in Ills Todesstunde. Selbst da noch muß sich der Delinquent der Belästigung durch trockenes Zitieren erwehren.

So wenig der geistliche Herr zu menschlicher Zuwendung fähig scheint, tut er um so braver seine Pflicht als sophokleischer Choreut am Ende des Spiels, die Illusion von brechend vollen Gottesdiensten in weiser Selbstbeschränkung auf Weihnachten, Ostern und Pfingsten beschwörend. Dürrenmatt scheint ihm das Wissen um die eigenen Fähigkeiten als Prediger mitgegeben zu haben.
„Neben dem Protagonisten (Ill) ist allein der Lehrer von der allgemeinen Gedankenlosigkeit ausgenommen",[34] stellt Ulrich Profitlich fest.

---

34) Ulrich Profitlich, Friedrich Dürrenmatt. Komödienbegriff und Komödienstruktur, S. 44

Armin Arnold geht in deutlicher Anspielung auf Brechts Sezuan-Stück einen Schritt weiter: „Der einzige gute Mensch bei Dürrenmatt ist der Lehrer..."[35]

Tatsächlich widersteht dieser der Versuchung beharrlicher als andere, sucht er Ill zu helfen und braucht den Alkohol, um sein schlechtes Gewissen zu beschwichtigen. Dann aber resigniert auch er und wird als eine Art Demosthenes[36] von Güllen zum rhetorischen Einpeitscher der kollektiven Mordtat.

Seine Präsenz im Spiel übertrifft die der anderen Würdenträger. Ähnlich dem Arzt, hat auch er eine ehrenvolle Berufung in ein anderes Schulamt nicht angenommen.
Direktor des Güllener Gymnasiums, Altsprachler und Humanist mit mehr als zwanzig Dienstjahren, wählt er bildhafte Vergleiche vorzugsweise aus der antiken Mythologie. Als „Liebhaber der edlen Frau Musika" leitet er sowohl den gemischten Chor der Stadt wie auch eine Jugendgruppe.
Für städtische Angelegenheiten begibt er sich allenthalben ins Geschirr, gleich ob es sich um die heikle Mission handelt, die Milliardärin zu mehr Milde zu bewegen oder der Mordtat ein rhetorisches Mäntelchen umzuhängen.

Des Lehrers große Szene spielt im Illschen Geschäft. Alkoholisiert von gutem Steinhäger, erklettert er just in dem Augenblick ein herumstehendes Fäßchen, als die Presse im Anrücken ist. Er hebt an zu einer donnernden Strafpredigt mit dem erklärten Ziel: „Ich will die Wahrheit verkünden, auch wenn unsere Armut ewig währen sollte."
Die Güllener sind da völlig anderer Meinung. Sie haben alle Hände voll zu tun, um ihn zum Schweigen zu bringen; denn das trunkene Vorbild der Jugend könnte wahrhaftig das Geschäft verderben mit seinem Geschwätz. Wieder nüchtern geworden, bekennt der Lehrer

35) Armin Arnold, Friedrich Dürrenmatt, S. 45
36) Demosthenes, 384 – 322 v. Chr., berühmter Redner der Antike

seine Seelennot: „Ich fühle, wie ich langsam zu einem Mörder werde. Mein Glaube an die Humanität ist machtlos." Er weiß: Ill wird getötet werden, und er selbst dabei mittun. Dies geschieht in Gestalt seiner großen Rede vor den Kameras und Mikrofonen der Massenmedien, die den Mord an Ill demagogisch rechtfertigt: „Mit unseren Idealen müssen wir nun eben in Gottes Namen Ernst machen, blutigen Ernst – ". Es handelt sich gleichsam um den Nachvollzug der verhinderten Phillipika vom Faß herunter – freilich mit umgekehrtem Vorzeichen, ironischerweise. Einen satirischen Beigeschmack hat sein Mitwirken im Schlußchor. Hier bringt der Pädagoge seine Vision ein von der Lernbegier der Güllener. Diese aber haben sich just eine Strophe zuvor zu den Reizen üppiger Abendmahlzeiten bekannt.

Übrige Personen

Die erstgenannte Gruppe der „Besucher" zählt laut Personenverzeichnis neben der Milliardärin acht weitere Personen von episodisch-dekorativem Zuschnitt, was in besonderem Maße für die schnell wechselnden Gatten der Milliardärin gilt.
Die vom Tode freigekauften Gangster und Sänftenträger Roby und Toby, „zwei herkulische, kaugummikauende Monstren", mehr aber noch die blinden Kastraten Koby und Loby, „zwei kleine dicke alte Männer mit leiser Stimme, die sich an der Hand halten", lassen gewisse Anleihen beim absurden Theater erkennen.
Einzig der Butler/Jurist Boby gewinnt für die Dauer der Anklageszene Persönlichkeit.
Zur Gruppe der „Besuchten" zählen außer Ill und Güllens Würdenträgern Frau Mathilde, Sohn Karl und Tochter Ottilie Ill, der Maler, der die Ecole des Beaux Arts besucht hat, Fräulein Luise mit dem lockeren Lebenswandel und zwei Kundinnen des Illschen Geschäfts.
Hinzu kommen jene vier Güllener Bürger, die als dramaturgische Mehrzweckwaffe herhalten müssen.
Zunächst begegnet man ihnen als Müßiggängern auf der Bahnhofsbank, wo sie, Güllens Verhältnisse erörternd, der Exposition des

Stückes dienen. Sodann verkörpern sie den Konradsweiler Wald samt allem, was darin kreucht und fleucht. Dürrenmatt merkt dazu an: „Wenn die Güllener Bäume spielen, so nicht aus Surrealismus, sondern um die etwa peinliche Liebesgeschichte, die sich in diesem Walde abspielt, der Annäherungsversuch eines alten Mannes an eine alte Frau nämlich – in einen poetischen Bühnenraum zu stoßen und so erträglich zu machen.“[37)]

Als Kunde Hofbauer betritt der Erste den Illschen Laden gegen Anfang des zweiten Aktes. Ihm folgt der Zweite als arbeitsloser Kunde Helmesberger.
Während Ill den Pfarrer um Hilfe anfleht, sind die Vier auf der Pantherjagd zu sehen. Bei Ills Abreiseversuch auf dem Bahnhof fehlen sie nicht.
Wieder halten sich der Erste, inzwischen ein erfolgreicher Metzger, und der Zweite im Laden auf, als den Lehrer trunkener Jammer packt. Kaum ist das Illsche Auto der Ferkelfuhre mit Hofbauer am VW–Steuer unterwegs begegnet, da verkörpert dieser wieder gemeinsam mit seinen drei Gefährten den Konradsweiler Wald. Diesmal freilich im Frack, denn sie nehmen anschließend an der Versammlung im Goldenen Apostel teil. Mit wohlabgestimmten Zwischenrufen und im rituellen Sprechchor der Gemeinde. Sie stehen mit in der Mördergasse und bewähren sich als brave Choreuten am Ende des Spiels.
Während alle anderen um den zwangsläufigen Ausgang der Affäre wissen, nachdem sich die Ursache für Güllens Misere enthüllt hat, machen sich nur noch Ills Angehörige nebulöse Hoffnungen: „Nur die Familie redet sich bis zum Schlusse ein, es komme noch alles gut, auch sie ist nicht böse, nur schwach wie alle.“[38)]
Die Gruppen der „Sonstigen“ und der „Lästigen“ vervollständigen das Ensemble. Bietet aus der ersten die Gestalt eines Zugführers, der erschlagen von einem Riesentrinkgeld, den Fahrplan einfach Fahr-

37) Friedrich Dürrenmatt, Komödien, S. 187
38) ebenda, S. 189

plan sein läßt, Gelegenheit zu handfester Parodie, wirken die Macher von Meinungen aus dem Presse- und Funkmetier geradezu als dem wirklichen Leben abgelauscht. Der Vollständigkeit halber sei erwähnt, daß der gemischte Chor und die Jugendgesangsgruppe im Personenverzeichnis ebenso fehlen wie die beiden Enkelkinder des Bürgermeisters, zwei Dienstmänner für den Sargtransport und der muskelprotzende Turner.

Die Stufen der Individualisierung reichen im Figurenensemble von bloßer Typisierung mit Hilfe von Stereotypen – das Gummikauen der Gangster, die wiederholende Sprechweise der Kastraten – über Anekdotisches – die Servilität des Zugführers – bis hin zu den durchgeformten Charakteren der Hauptgestalten.
Ähnlich hält es Dürrenmatt mit den Namen. So erfährt man zwar, daß die Frau des Bürgermeisters eine geborene Anette – Claire sagt Anettchen – Dummermuth ist. Aber den Namen des Bürgermeisters erfährt man ebensowenig wie den des Pfarrers oder des Lehrers. Arzt und Polizeiwachtmeister hingegen werden entanonymisiert.
Der Dichter sagt in seiner „Anmerkung“: „Ich beschreibe Menschen, nicht Marionetten...“[39]

Die Güllener aber – und zwar ausnahmslos alle – zappeln hilflos an den Fäden der Versuchung, Marionetten des großen Geldes allesamt. Ill hat seine Verführbarkeit schon bewiesen, als er der Versuchung des kleinen Wohlstands in seiner Jugend erlegen ist.

---

39) ebenda

Gericht in Güllen – Ansätze zur Interpretation

Mit Blick auf die Theaterlandschaft der späten sechziger Jahre resigniert Peter Broocks, englischer Erfolgsregisseur der 1958er Broadway-Erstaufführung des Stücks: „Wenn das Publikum wirklich einmal die Unterhaltung verlangte, von der es so oft spricht, dann kämen wir alle in Verlegenheit“.[40]

'Der Besuch der alten Dame‘ hält solchem Anspruch stand.
Um es vorwegzunehmen: Da bleibt ein Gehetzter am Ort seiner Bedrohung, ohne Not, und brauchte doch nur bei Nacht und Nebel zu verschwinden; prosperiert das ganze Land ringsumher, aber kein Güllener weit und breit, der außerhalb des eigenen Städtchens wirkte; da wird ein menschlicher Leichnam abtransportiert, ohne daß die nächsten Angehörigen – und wäre es aus Gründen der Reputation – den leisesten Protest erheben. Diese Reihung fortzusetzen, würde kaum Mühe bereiten.
Das Stück strotzt von so vielen Unwahrscheinlichkeiten, daß es erheblicher Gestaltungskunst seines Schöpfers bedurft hat, das Publikum darüber hinwegzuheben. Offensichtlich hat diese kategorische Notwendigkeit den Unterhaltungswert erheblich gefördert zu Nutz und Frommen inhaltlicher Spannung und formaler Vielfalt.
Dürrenmatt erreicht seinen Zweck angesichts todernster Gegenstände: frühe Schuld und späte Sühne, gnadenlose Verfolgung und altväterliches Gerechtigkeitsverständnis, Besitzgier und Totschlag.
Etwas Triviales, Bänkelsängerisches, Moritatenhaftes ist diesem Hintergrund eigen, so daß die widerspruchsvolle Genre-Definition 'tragische Komödie‘ auch von daher einige Erhellung erfährt.
In der Hauptsache aber gründet sie darauf, daß in Güllen Doppelanklage erhoben wird: eine individuelle gegen Alfred Ills Jugendsünde und eine kollektive gegen die Einwohnerschaft der Stadt.
„Das heißt: das Drama wird von zwei Strängen, von zwei Handlungen durchzogen – wenn man von der vorausgesetzten, vor der gespielten

40) Der Spiegel, Nr. 48/1969, S. 182

Zeit liegenden willentlichen Entwicklung der Zachanassian zur Hure absieht, und zwar der kollektiven, fortschreitenden der Güllner Gesellschaft und der privaten, analytischen des Ill; die eine endet tragisch, die andere in der Komödie, im „Welt-Happy-Ending". (.......) Tragischer Schluß und Welt-Happy-Ending bedingen einander und stehen gleichzeitig in Kontrast."[41)]

Das Geschehen spielt sich auf mehreren thematischen Ebenen ab, die kunstvoll ineinander verschränkt zu einem komplexen Ereignis zusammengeführt werden.

Auf das Thema der Antike kommt Dürrenmatt in der „Anmerkung" zu sprechen: „Claire Zachanassian (......) die reichste Frau der Welt (ist) durch ihr Vermögen in der Lage, wie eine Heldin der griechischen Tragödie zu handeln, absolut, grausam, wie Medea etwa. Sie kann es sich leisten."[42)]

Der Sage zufolge hat Medea einst ihrer Nebenbuhlerin den Garaus gemacht und den eigenen Kindern obendrein.

Die späte Rache der Klara Wäscher besitzt schon von der Dauer des Daraufwartens her antikes Format: fünfundvierzig Jahre. Mit der kalt rechnenden Präzision einer Schachspielerin bestimmt sie in Güllen Schicksale als Herrscherin über Leben und Tod, auch darin den Göttern gleichend. Freilich hätte sie als wandelnde Prothesensammlung längst gestorben sein müssen. Aber da Gottheiten in aller Regel der Unsterblichkeit teilhaftig sind, gönnt ihr der Autor wenigstens eine Art Pseudo-Unsterblichkeit; er läßt die Milliardärin als einzige an Bord einen Flugzeugabsturz überstehen.
Claire übernimmt gleichsam „die Funktion jener absoluten Instanz ....auf der die Wirklichkeit gründet und die in der griechischen Tragödie die Götter repräsentieren".[43)]

---

41) Jan Knopf, Friedrich Dürrenmatt, S. 91 f.
42) Friedrich Dürrenmatt, Komödien, S. 188
43) Manfred Durzak, Dürrenmatt. Frisch. Weiss, S. 96

Getragen wird das Thema der Antike von einer dem Stück einfunktionierten Motivkette.
Güllen war Kulturstadt. Goethe hat hier übernachtet. Der Ort ist mithin als geistige Heimstatt der Klassik ausgewiesen. Den Lehrer erinnert die reiche Witwe an eine griechische Schicksalsgöttin, die Spinnerin des Lebensfadens Klotho. Nach dem Eintreffen der alten Dame fühlt er in Güllen zum ersten Male „antike Größe".
Bei dem vergeblichen Versuch, an die Menschlichkeit der Milliardärin zu appellieren, wiederholt sich der Lehrer: „Wie eine Heldin der Antike kommen Sie mir vor, wie eine Medea."
Später, betrunken, verkündet er vom Faß herab: „Denn ich bin ein Humanist, ein Freund der alten Griechen, ein Bewunderer Platos."
Wieder nüchtern geworden, gesteht der Schulmann: „Mein Glaube an die Humanität ist machtlos."
Des Lehrers Anfeuerungsrede beim Mord-Fest der Güllener schwelgt im Pathos der antiken Rednerschule, was den Rundfunkmann spontan von „sittlicher Größe" faseln läßt.
Endlich beschließt eine höchst amüsante Parodie auf das berühmte 'Erste Stasimon' des Chores in Sophokles 'Antigone' die hier nachgezeichnete Motivkette.
Der Originaltext hebt an mit den Worten: „Vieles Gewaltige gibt's/ Doch nichts ist gewaltiger als der Mensch."[44]

44) so auch zitiert bei Durzak, S. 97; es handelt sich um den Text der Hölderlinschen Übersetzung. In einer moderneren Übersetzung, die Rudolf Schottlaender besorgte, kommt der Sinnbezug zur Dürrenmattschen Parodie noch eindeutiger zum Ausdruck: „Schrecken bereitet vieles – nichts/tieferen Schrecken als der Mensch." – zitiert nach: Sophokles. Antigone. RUB. Band 659, S. 32. „Die ersten drei Strophen enthalten eine wortgewaltige Darstellung menschlicher Errungenschaften und Talente. In bildhafter Sprache formt sich der Abglanz menschlicher Leistungskraft, von Kampfesmut und Naturüberwindung. Jedoch im gleichen Maße, wie die Selbstbefreiung des Menschen gelingt, wächst sein Bedrohtsein, wächst die Möglichkeit, daß er das rechte Verhalten verfehlt.
So läßt sich die Erkenntnis der vierten Strophe in dem Satz bündeln: Die menschliche Natur erweist sich als zwiespältig. Sie läßt das Edle, Gerechte, Gesetzestreue ebenso aufkommen, wie Bedrohliches, Ungeheures, Ablehnenswertes." – Reinhard Kästler, Sophokles. Antigone. Königs Erläuterungen und Materialien. Band 41, S. 40

In kabarettistischer Zuspitzung greift Dürrenmatt die paradoxe Gedankenkonstruktion – menschliches Handeln als Quelle des Schreckens – auf in einem parodischen Gleichnis: Armut ist schrecklicher als die Atombombe.

In der hymnischen Sprache antiker Texte werden Alltagsbanalitäten der Wohlstandsgesellschaft ausgebreitet, die Freßwelle ebenso karikiert wie das Auto als Statussymbol, Mode und sportives Leben – „Das Mädchen jagd nach dem Ball auf roter Fläche" – und die Kunst als Ware denunziert: „Schätze auf Schätze türmt der/emsige Industrielle/Rembrandt auf Rubens/Die Kunst ernähret den Künstler/vollauf./" Das Ganze gipfelt in jenem inbrünstigen Gebet, der neue Wohlstand möge um jeden Preis erhalten bleiben.
In den Regiehinweisen fordert Dürrenmatt: „.... dazu die Güllener, Frauen und Männer in Abendkleidern und Fräcken, zwei Chöre bildend, denen der griechischen Tragödie angenähert, nicht zufällig, sondern als Standortbestimmung, als gäbe ein havariertes Schiff, weit abgetrieben, die letzten Signale."[45)]

Man erkennt in Dürrenmatts Erfolgsstück „die Spiegelung antiker Grundmuster".[46)] Hans Bänziger meint: „Im Blick auf die Antike zeigt sich die Entwürdigung der Gegenwart."[47)]

Streng strukturiert nach dem Schema des 'König Ödipus' von Sophokles – die Handlung analysiert die Vorgeschichte und führt über Enthüllungen zum tragischen Ende – gewinnt 'Der Besuch der alten Dame' eben durch jenen komödienhaft-parodischen Ausklang eine konträre Position zum eigentlichen Daseinszweck der antiken Vorbilder.

---

45) Friedrich Dürrenmatt, Komödien, S. 184

46) Michael Peter Loeffler, Friedrich Dürrenmatts 'Der Besuch der alten Dame' in New York, S. 66.

47) Hans Bänziger, Frisch und Dürrenmatt, S. 172

Die Katharsis – Brecht nannte sie eine 'Waschung' – tritt nicht ein. Das erstrebte Hinfinden zu körperlich-seelisch-geistiger Harmonie über das läuternde Kunsterlebnis wird vom „Welt-Happy-end" in Güllen geradezu ins Gegenteil verkehrt, und so wertet Manfred Durzak mit einigem Recht: „Dürrenmatts Hinweis, daß die Einfügung dieser Parodie als Standortbestimmung zu verstehen sei, ergibt sich durchaus folgerichtig auf dem Hintergrund struktureller Nähe, die die Fabel zur griechischen Tragödie besitzt. Ja, man könnte unter Verwendung seiner Komödiendefinition diese Transponierung der Tragödie in die Komödie so beschreiben, daß in der Komödie die schlimmst–mögliche Wendung einer Tragödie hervortritt. Die Katastrophe der Tragödie wird sozusagen noch weitergetrieben, indem jene Gesetzmäßigkeit, die die Tragödie unangetastet ließ, die Ordnung der Götter und die sittliche Kraft des Menschen, sich als Fiktion erweist. (.....) Die Gesetze des Konsums haben die moralischen Gesetzmäßigkeiten ersetzt."[48)]

Eine zweite thematische Ebene wird angesprochen, wenn mit Formulierungen wie „neuzeitliche Variation des christlichen Sühnespiels" (Loeffler) oder „Variation der biblischen Passionsgeschichte" (Durzak) Religiöses ins Blickfeld rückt: „Stil und Gehalt des Stücks weisen deutlich auf christliche Verpflichtungen hin. Oskar Wälterlin, der Regisseur der Züricher Uraufführung, hat in einem Vortrag gesagt: „Während das langsame Enthüllen von Schuld, Verstrickung und Gefahr, die Unentrinnbarkeit an die schicksalhafte Tragödie der Griechen erinnern, führt uns die Fügsamkeit des Schuldigen, der durch die Wirrsal seiner Ängste sich durchkämpfend zur Bereitschaft für die Buße und so zur Überwindung seines irdischen Ichs kommt, in die Gegend des christlichen Dramas, wie wir es noch in der Nachschöpfung des »Jedermann« kennen."[49)]

Eine Vielfalt christlicher Bezüge durchwebt die Komödienhandlung. Sie offenbart sich sowohl in der grundsätzlichen Konfliktanlage wie im Motivgefüge.

48) Manfred Durzak, Dürrenmatt. Frisch. Weiss, S. 97
49) Hans Bänziger, Frisch und Dürrenmatt, S. 176

Der Weg Ills aus früher Schuld über leidvoll gewonnene Einsicht zu neutestamentlicher Demut und Sühne verleiht dem tragischen Helden des Spiels märtyrerhafte Züge. Von fernher werden Anklänge an die christliche Passionsgeschichte zum Schwingen gebracht. Der Weg der Güllener aus der Unschuld über die Versuchung in die Schuld verleiht dem Verbrechen des kollektiven Angeklagten neben der kriminellen zusätzlich eine religiös faßbare Dimension. Dramaturgisch sorgsam einfunktionierte Motive lassen dies ansichtig werden. Die Milliardärin, erfährt man noch vor ihrem Eintreffen, hat der Hauptstadt eine Gedächtniskirche gestiftet. Welch ein Kontrast! Die Güllener mußten sogar ihre Glocke versetzen.
Daß sie von dem verarmten Gemeinwesen erwartet wird, wie eine „Heilbringerin" (Bänziger), die einzige Hoffnung, weil zahlungskräftig, gehört zum verfälschten Bildnis. Nicht von ungefähr wird an die Darstellung vom Jüngsten Gericht am Münsterportal erinnert.
Die alte Dame scheint in Religionsdingen nicht weiter kleinlich. Ihr Gatte VII zum Beispiel betet griechisch-orthodox. Die Trauung hat ein Pope vollzogen. Auch besonderen Respekt vor geistlichen Herren trägt sie nicht zur Schau. „Ei, der Pastor" lautet ihre Begrüßung für den Güllener Seelenhirten, der devot den geliehenen Zylinder lüftet.
Ihre Sänftenträger aus Sing-Sing haben zwei Millionen Dollar gekostet, eine „pro Fürbitte", wie Bestechung hier umschrieben ist. Der Polizist hat Claire und Ill im Wald gesehen, „andächtig wie in einer Kirche"; der Sänftenzug dorthin glich einer Prozession. Im Münster, hinter der Tür mit dem Jüngsten Gericht, wird Claire ihre nächste Ehe schließen. Daß der Quartiergasthof „Goldener Apostel" heißt, darf als ergänzender Schnörkel gelten.
Immerhin erfolgt eine Art Vorgriff auf eben jenes Jüngste Gericht im Saal dieses Etablissements, weil Ill seinerzeit bestochene Zeugen vor Gott falsch schwören ließ.
Vorerst mündet das Ganze in des Bürgermeisters Noch-sind-wir-keine-Heiden – eine Bekundung, die ihren programmatisch zu nennenden Doppelsinn trägt. Bald wird man die christlichen Gebote verraten, bis hin zu „Du sollst nicht töten".

Wenn Ill von sich als „alten Sünder" spricht, klingt mehr religiöses Empfinden an, als in der Formeltheologie des Pfarrers, der offenbar mit der Flinte leichter umgeht, als mit dem tröstenden Wort.
„Besucht die Passionsspiele in Oberammergau" kündet ein neues Plakat, dramaturgisch zu deuten als Vorausverweisung auf Ills Leidensweg und Sühnetod.
Des Pfarrers Predigttext für Claire und Gatten VIII war „Erster Korinther dreizehn", also das 13. Capitel der ersten „Epistel S. Pauli an die Corinther" im Neuen Testament. Es ist überschrieben: „Der christlichen Liebe Vortrefflichkeiten und Eigenschaften". Im Vers 8 findet sich das berühmte Wort „Die Liebe höret nimmer auf....", das in der alttestamentlichen Rache an Ill eine so schreckliche Deutung erhält. Claire wird später erklären: „Meine Liebe konnte nicht sterben, aber auch nicht leben. Sie ist etwas Böses geworden wie ich selber..."
Auch im dritten Akt korrespondieren religiöse Motive zum einen mit den komödienhaften, zum anderen mit den tragischen Aspekten der Handlung.
Die Krämersfrau posiert vor den Presseleuten als gute Christin und Familienmutter. Der volltrunkene Schulmeister will wie ein Erzengel „erzählen" – man beachte die in solchem Zusammenhang satirische Wortwahl. Gleich vier Glocken läuten von Güllen herüber, als Ill und Claire ihre letzte Begegnung haben.
Der Nobelpreisträger erkennt gleichnishaft die historische Ruine im Konradsweiler Wald als frühchristliches Bauwerk, das von den Hunnen zerstört wurde.
Wenn der Lehrer, auch die Nächstenliebe bemühend, aufruft, „in Gottes Namen ....blutigen Ernst" zu machen, findet sich darin die Vorstufe für den blasphemischen Höhepunkt, jenen pseudoreligiösen Wechselgesang der Gemeinde, welcher „die heiligsten Güter" schamlos in Anspruch nimmt und zum abschließend-lästerlichen Chorgebet.
Daß aus dem Hosianna für Güllens beliebtesten Bürger ein 'Kreuziget ihn' geworden ist, bestätigt der Kunde Hofbauer, wenn er Ills unruhige Schritte im Obergeschoß kommentiert: „Gott wird ihn strafen."

Ein geläuterter Ill meint es tiefernst mit seiner Fürbitte: „Gott gebe, daß ihr vor eurem Urteil besteht" und der Aufforderung an den Pfarrer "Beten Sie für Güllen".

Eben noch hat er sich pharisäischer Glaubensverfälschung erwehren müssen. Der Prophet Amos aus dem Alten Testament sollte ihm vorgehalten werden, ausgerechnet jener Prophet, der sich den Ungehorsam gegen die Gebote Gottes zum Ziel seines Kampfes erkor und drohte: „Weh denen, die das Recht verdrehen und die Gerechtigkeit mit Füßen treten" (Amos 5). Das Tragische dieser Motivreihe kulminiert in Ills Aufschrei am Ende des heuchlerischen Gemeinderituals: „Mein Gott!"

Wie hinzudenkbar wirken doch die Worte: „....warum hast Du mich verlassen?" – jenen Verzweiflungsschrei vollendend, den Jesus kurz vor seinem Tode ausstieß, nachdem er sechs Stunden am Kreuze gelitten hatte. Hier wird „der protestantische Ernst"[50] des Stückes Ereignis.

„Als Vollzug des Jüngsten Gerichtes ließe sich unter theologischer Perspektive die Handlung ...definieren. Der Zustand der Verurteilung und Bestrafung tritt im Bild jener perfektionierten Konsumhölle hervor, die Dürrenmatt am Ende seines Stückes beschreibt. Unter theologischer Perspektive wird also dieser Endzustand gleichsam verewigt. Das heißt also überspitzt formuliert: „Eine von kapitalistischen Gesetzmäßigkeiten ganz und gar bestimmte Welt befindet sich im Zustand absoluter Gottesferne und totaler Verderbtheit. In der Tat eine eminent protestantische Perspektive, unter der hier der Zustand der Wirklichkeit beschrieben wird"[51] resümiert Manfred Durzak und rückt damit die die dritte der thematischen Ebenen des Stückes in unser Blickfeld: die politische.

Kapitalismuskritik bildet die Basis der Geschichte, was der „alten Dame" weltweite Verbreitungsfreiheit sichern half. Wenngleich sich

---

50) Hans Bänziger, Frisch und Dürrenmatt, S. 175
51) Manfred Durzak, Dürrenmatt. Frisch. Weiss, S. 98

nirgendwo im Spiel auch nur der Schatten eines Klassen-, Friedens- oder wenigstens Freiheitskämpfers abbildet, fand sich auch im Osten Offenheit für Dürrenmatt.
Von Bänziger erfahren wir, das Spiel sei „in Moskau mit einer gewissen Berechtigung als Satire auf den Kapitalismus aufgefaßt worden."[52] Im „Neuen Deutschland" vom 2. 8. 1963 verreißt zwar Stamm-Kritiker Reiner Kerndl die „antihumanistische Hoffnungslosigkeit" des Stückes, aber wenig später tritt der namhafte DDR-Publizist und Wissenschaftler Jürgen Kuczynski als Verteidiger Dürrenmattscher Dramatik auf den Plan.[53] Von seiten der DDR-Fachgermanistik erkennt man in „Weimarer Beiträge": „Die Konfliktkonzeption und Handlungsaussage des Stückes ist die Demonstration der restlosen Zerstörung aller menschlichen Werte im Ausstrahlungsbereich des monopolistischen Kapitals. Damit ist die Stoßrichtung der realistischen Aussage auf die Überfälligkeit der kapitalistischen Gesellschaftsordnung angelegt...."[54]

Zweifel drängen sich auf, daß diese Auslegung mit der Autorenintention übereinstimmt. Zum einen hat Dürrenmatt mit dem ursprünglich vorgesehenen Untertitel „Komödie der Hochkonjunktur" die Stoßrichtung seines kritischen Wirkens klar umrissen, zum anderen wissen wir um seinen prinzipiell moralischen Ansatz.
„Der Besuch der alten Dame" bringt in Dürrenmattscher Beleuchtung eine Brechtsche These aus der 'Dreigroschenoper' zur Anschauung: Erst kommt das Fressen, dann kommt die Moral. Wo Brecht politisch verändern will, bildet Dürrenmatt einen sittlichen Zustand ab – die absolute Hoffnungslosigkeit. Die politische Dimension des Stückes ergibt sich aus spezifischer Widerspiegelung der Zeitverhältnisse.
Es sind die fünfziger Jahre der wuchernden Amerikanisierung Europas, mit Nierentischkultur, um sich greifender Motorisierung, ungeheurem Bau-Boom, ausufernden Stadtlandschaften und ungebrem-

52) Hans Bänziger, a. a. O.,S. 172

53) nach Jan Knopf, Friedrich Dürrenmatt, S. 161 f. bzw. S. 158 – Jürgen Kuczynski, Friedrich Dürrenmatt–Humanist, In: Neue deutsche Hefte 12, 1964, Nr. 8/9

54) Erich Kühne, Satire und groteske Dramatik, In: Weimarer Beiträge, 12/66 S. 558

stem Wirtschaftswachstum. „Gehn Sie mit der Konjunktur" lautet der Titel eines populären Gassenhauers. „Die vom Krieg verschont gebliebene Schweiz machte die allgemeine Entwicklung zur Wohlstandsgesellschaft in Westeuropa schneller und rapider durch als die Nachbarländer".[55] Vor diesem Hintergrund vollziehen sich die Güllener Ereignisse.

Ihre alleinige Triebkraft heißt Geld – bis zurück in die Vorgeschichte. Ill wird schuldig um des bescheidenen Besitzes der Mathilde Blumhard willen. Klara Wäscher unterliegt aus Mangel an Wohlstand.
Systematischer Geldentzug hat Güllen inmitten der Hochkonjunktur wirtschaftlich ausgetrocknet. Damit ist die entscheidende ökonomische Voraussetzung geschaffen für die totale Abhängigkeit der Stadt.
Arbeitslosigkeit, Firmenzusammenbrüche, Ruin der öffentlichen Finanzen, Ausverkauf kulturhistorischer Werte, Überstrapazierung des sozialen Netzes und extremes Angewiesensein auf Subventionen werfen die Frage nach den möglichen Ursachen auf.
Die Güllener antworten mit politischen Klischees: Freimaurer, Juden, Hochfinanz, Kommunismus. Ihr Verdacht, „daß jemand den wirtschaftlichen Zustand ihrer Stadt bewußt verursacht haben könnte, (ist) zwar generell richtig, aber ihre Verdächtigungen deuten zugleich darauf hin, daß auch ihr scheinbar noch intaktes Bewußtsein für jegliche ideologische Verblendung anfällig ist und daß die kulturelle Tradition, auf die man sich beruft, tatsächlich nur eine Fassade darstellt."[56]

In der Vereinfachung 'Geld gegen Gerechtigkeit' findet dieser Doppelcharakter der Güllener Situation angemessenen Ausdruck. Das Milliardengebot trifft nicht nur auf ein finanzielles Vakuum, sondern außerdem auch auf ein ideologisches; mithin ist die Macht des Geldes gesichert.

---

55) Jan Knopf, a. a. O., S. 89
56) Manfred Durzak, Dürrenmatt. Frisch. Weiss, S. 92

Dürrenmatt verleiht ihr Anschauung in mannigfaltigen Chiffren: der „Rasende Roland" soll erst weiterrasen, wenn die reichste Frau der Welt Güllen besichtigt hat; Oberrichter Hofer, der Diener der Gerechtigkeit, dient fürderhin der personifizierten Geldmacht; von einem gewissen Preis an, der für die Ausführung des Mordes gezahlt werden soll, kann die Polizei nicht mehr einschreiten; das Geld macht die alte Dame zur Schicksalsinstanz im Bewußtsein der Güllener, weshalb der Lehrer sagt: „Noch weiß ich, daß auch einmal zu uns eine alte Dame kommen wird, eines Tages, und daß dann mit uns geschehen wird, was nun mit Ihnen geschieht..." Diese Motivreihe findet ihren plastischen Höhepunkt in der Ablehnung des vom Lehrer im Namen der Menschlichkeit angeregten Sanierungsplanes für die Stadt: „Die Menschlichkeit, meine Herren, ist für die Börse der Millionäre geschaffen, mit meiner Finanzkraft leistet man sich eine Weltordnung." Die Milliardärin bringt besagte Ordnung sogleich auf den Punkt: „Anständig ist nur, wer zahlt, und ich zahle."
Für Güllen bleibt es dabei: Konjunktur findet nur statt, wenn Ills Leiche geliefert wird.
Gleichsam wie nebenbei fallen kritische Schlaglichter auf die Strukturen der kleinstädtischen Gesellschaft, auf Ämterfilz und Kungeln mit der Opposition, auf routinierte Verlogenheit der Amtsträger und schäbige Spießermentalität der Führungsschicht.
Man hat in Güllen „ein modernes entwürdigtes Seldwyla" (Hans Bänziger) gesehen, das Stück ein zweites Schweizer „Nationaldrama" (Werner Weber) nach dem 'Tell' genannt und die „unverwechselbar schweizerische Artung" (Elisabeth Brock-Sulzer) Friedrich Dürrenmatts herausgelesen.
Trotz deutlichem schweizerischen Lokalkolorits will der Einwand Armin Arnolds einleuchten: „Die Vorgänge im 'Besuch' aber erinnern eher an den Kreditoptimismus von Amerikanern als an denjenigen von Einwohnern einer Schweizer Kleinstadt."[57)]
Gute Gründe sprechen für solch nichtprovinzielle Sehweise.

---

57) Armin Arnold, Friedrich Dürrenmatt, S. 43

Dürrenmatt selbst nennt den Schauplatz: „....irgendwo in Mitteleuropa in einer kleinen Stadt...“[58)]

Ein Stück, das die Bühnen der Welt so bravourös erobert hat, entzieht sich zwangsläufig allen Einengungen.
Und endlich darf die Regel, daß anständig nur ist, wer zahlt, als recht verbreitet gelten in unserer Welt.

Bau, Motive, Figurensprache – Bemerkungen zu dramatischen Mitteln

Vor dem „Besuch der alten Dame“ steht Dürrenmatts wohl bedeutendste Einlassung zu theoretischen Positionen, der Vortrag und Aufsatz „Theaterprobleme“, veröffentlicht in „Theater–Schriften und Reden“ erst 1966.
Als erste umfassende Standortbestimmung enthält er unter anderem das Bekenntnis zu unabdingbarer Aufrichtigkeit der Bühnendichtung, die Ablehnung jedes „billigen Trostes“ (Dürrenmatt). Ein menschlicher Blickwinkel wird gefordert und dem Diktat vorgegebener ästhetischer Gesetze über die praktische Arbeit des Bühnenautors eine Absage erteilt. Die Güllener Komödie steht notwendigerweise im Lichte dieses Selbstzeugnisses als ein gelungener Versuch zu seiner tätigen Umsetzung.
Sie ist gegliedert in drei Akte mit jeweils vier szenischen Zäsuren durch Änderungen der Dekoration auf offener Bühne. Einen zusätzlichen szenischen Einschnitt erhält der zweite Akt mit dem Übergang des Schauplatzes aus Ills Laden in die Polizeistation bei unverändertem Bühnenbild.
Ihre Dramaturgie zeigt komplizierte Züge. Die Struktur des Stückes wird getragen von seinen drei thematischen Ebenen Antike, Christentum, Politik. Als Spielarten des menschlichen Blickwinkels rükken sie jeweils einen der drei Handlungsträger ins Zentrum: die

58) Friedrich Dürrenmatt, Komödien, S. 187

Medea-Gestalt der Claire Zachanassian, die weltliche Passionsfigur Alfred Ill, als Wirtschaftswunder-Profiteure das Mörderkollektiv der Güllener. „Die drei aufeinander bezogenen Faktoren (....) bezeichnen unterschiedliche Ebenen des Verhältnisses von Mensch und Welt, die vielfältig miteinander verknüpft werden",[59] analysiert Armin-Gerd Kuckhoff die inneren Verhältnisse der Stückkonstruktion.
Äußerlich betrachtet, finden sich die Bauelemente des aristotelischen Dramas in geradezu klassischer Abfolge, wenn auch durch die Verhinderung der Katharsis nicht mit dem klassischen Ergebnis:

I. Exposition	Einführung der handelnden Personen; Ort und Zeit der Handlung; endet mit dem erregenden Moment	Erwartung und Ankunft der alten Dame; Wiedersehen mit Güllen und Alfred Ill
erregendes Moment	deutet auf Konfliktentstehung hin	Milliardenangebot
II. aufsteigende Handlung	dramatische Steigerung, Zuspitzung des Konflikts	Güllener machen Schulden; Beginn der Treibjagd auf Ill
III. Peripetie	Umschwung; Wendung im Schicksal des Helden; grundsätzliche Entscheidung über die Lösung des Konflikts; die Handlung fällt	Szene in der Peterschen Scheune: „Konjunktur für eine Leiche" – keine Rettung mehr für Ill
retardierendes Moment	Verzögerung, die ein Ansteigen der Spannung bewirkt	Gespräch Claire-Ill im Konradsweiler Wald; Lösung des individuellen Konflikts
Katastrophe	Höhepunkt der Anteilnahme des Publikums, der zur Katharsis (Reinigung, Läuterung) führen soll	Mord als Medienspektakel das einmündet in die Apotheose: Hölle als Konsumparadies; Verhinderung der Katharsis

59) ebenda, S. 350 f.

Dazu fügen sich in wunderlicher und bewundernswerter Harmonie Elemente der „nichtaristotelischen" (Brecht), verfremdenden Spielweise, so wenn die Güllener Bäume spielen, Gatte VII nachdenkt, bis eine Glocke ertönt, die symbolische Ausstattung von äußerster Schäbigkeit zu äußerster Perfektion sich wandelt, oder wenn grundsätzlich auf offener Bühne desillusionierend umgebaut wird. Auch der Einsatz verfremdender Sprachmodelle gehört in diesen Zusammenhang: das Ritual der Scheinheiligkeit und der sophokleische Chor im letzten Akt beim Welt–Happy–end.

Nicht ausschließlich um der verfremdenden Wirkung willen, bedient sich Dürrenmatt jenes Kunstgriffes, der Claire Zachanassian quasi vorübergehend aus der Handlung nimmt, sie aber dennoch allgegenwärtig bleiben läßt: der Einführung einer simultanen Handlungsebene. Ihr Schauplatz ist der Balkon des „Goldenen Apostels". Ohne direkt an der Haupthandlung beteiligt zu sein, steht jedes einzelne der simultanen Einsprengsel in direkter Wechselbeziehung zu deren Ereignissen. Nicht selten offenbaren sich ironische Akzente, wie eine Auswahl belegen möge:

Haupthandlung	**Balkonhandlung**
Ill braucht Gesellschaft.	Claire braucht ihr linkes Bein.
Ladengespräch über Claires neue Tabakplantagen.	Claire hat Zachanassian sämtliche Teufeleien abgeguckt.
Ill entdeckt die gelben Schuhe. Er bewirft die Kunden mit Ware. Tumult. (!)	Claire vermutet einen Streit um die Fleischpreise. Der schwarze Panther faucht. (!)
Der Wachtmeister gratuliert heuchlerisch zum besseren Geschäftsgang.	Claire ordert Dupont-Aktien.
Der Wachtmeister telefoniert.	Claire läßt telefonieren.
Ill findet kein Gehör beim Bürgermeister.	Claire empfängt den Präsidenten der Weltbank nicht.

Gleichsam Kommentar und Reflexion zur anderen Handlungsebene in einem, kommt diesen ständigen Unterbrechungen vom Apostel-Balkon über ihre verfremdende Wirkung hinausweisend Symbolcharakter zu.
Man hat in ihnen die „Katalysator" – Funktion der Claire-Figur **„unmittelbar optisch** erfaßbar"[60] werden sehen, ein Bild von „götzenhafter Macht über die Vorgänge"[61] erkannt und fühlt sich an Dürrenmatts Formulierung erinnert, daß die alte Dame „Distanz zu den Menschen besitzt als zu einer käuflichen Ware".[62] Bänziger deutet „die Simultanbühne (als) eine Konsequenz der religiösen Handlung" und führt Oskar Wälterlin an, den Regisseur der Züricher Uraufführung, der unterstreicht: „Das Simultane, Gleichzeitige und Gleichräumliche der verschiedenen Szenen ist kein technischer Trick, sondern eine innere Verzahnung."[63]

Dramatische Motive handhabt Dürrenmatt mit unterschiedlicher Plastizität. So hebt sich das Panther-Motiv vordergründig ab vom übrigen Geschehen.
Beim Wiedersehen mit Ill erinnert sich Claire: „Ich nannte dich meinen schwarzen Panther". In lächerlicher Selbstüberhebung antwortet Ill: „Der bin ich noch." Später schafft man einen Panther im Käfig hinauf zu ihrer Zimmerflucht, wie der Bürgermeister beobachtet. Der Pascha von Marrakesch hat das Raubtier hergeschenkt. Es bricht aus und wird bald von ganz Güllen gejagt. Man sieht es im Dachgestühle des Münsters und auch in der Peterschen Scheune. Vor Ills Laden wird der schwarze Räuber tödlich getroffen. Ill selber fühlt sich gejagt. Auf dem Bahnhof sieht er sich „ängstlich um, wie ein gehetztes Tier". Claire kommentiert schließlich den Anblick der Milliarden-Leiche: „Er ist wieder so, wie er war vor langer Zeit, der schwarze Panther."

---

60) ebenda, S. 351
61) Michael Peter Loeffler, Friedrich Dürrenmatt. 'Der Besuch der alten Dame' in New York, S. 55
62) Friedrich Dürrenmatt, Komödien, S. 188
63) Hans Bänziger, Frisch und Dürrenmatt, S. 177

Doppelter Symbolgehalt wohnt dem Panther-Motiv inne. Es steht für die naturhafte Wildheit der Liebesbeziehung zwischen zwei starken, schönen, jungen Menschen, aber auch für das Raubtier im Menschen, das getrieben von der Aussicht auf die Milliardenbeute die Ketten der Moralkonvention zerbricht.

Eine vergleichbar grell akzentuierte Motivreihe bilden die Wohlstandssymbole von den gelben Schuhen der Güllener über Goldzahn, Oberammergau-Plakat, Rathaus-Bauplan und manch anderem mehr bis zur Konsumorgie des Schlußbildes.
Deutlich zurückhaltender instrumentiert, organischer in die Handlung eingebunden, begegnet uns das Todesmotiv. Schwach klingt es zuerst an im Gespräch der Bahnhofsgaffer: „Krepieren“ gehört zur Perspektive in Güllen. Im Hinweis auf das Jüngste Gericht am Münsterportal kehrt es wieder und erfährt dann in etlichen befremdenden Bemerkungen der Milliardärin eine deutliche Steigerung: auf Mordverfolgung, Todesstrafe, Totenscheine und kraftvolles Erwürgen bringt sie die Rede.
Eingewoben in die Folge der Ereignisse, bleibt das Todesmotiv gleichsam allgegenwärtig wie die Zachanassian selbst.
So waren die beiden Sänften-Gangster zum Tode verurteilt; der toten Besatzung in Afghanistan wird ausdrücklich Erwähnung getan; in der Anklageszene tritt dreimal „Totenstille“ (Regiebemerkungen) ein: nach der Milliardenerwähnung, der Gerechtigkeitsforderung und der Mordbedingung. Die Bürgermeisterwahl bezeichnen Ills Kunden als „todsicher“. „Ihr habt mich schon zum Tode verurteilt“ klagt Ill später beim Bürgermeister. „Konjunktur für eine Leiche“ bleibt Claires Geschäftsgrundlage. „Auf Tod und Leben“ dichthalten will man gegenüber den Presseleuten. „Man wird Sie töten“ prophezeit der Lehrer. Ill hat „den Tod näher kriechen“ gespürt. Vom Tode der kleinen Geneviève ist in der letzten Begegnung Ill – Claire die Rede. Ein „Toter bei einem Götzenbild aus Stein“ wird im Mausoleum ruhen.

Mit der perversen Heuchelei „Tod aus Freude“ findet das Tatmotiv seinen abscheulichen Ausklang.

Eine kaum mehr konturierte Symbolik scheint dem dreifachen vergeblichen Versuch Ills innezuwohnen, daß er Hilfe erhält in seiner Not bei Polizei, Stadtverwaltung und Kirche. Die ihn vorher auf den Schild gehoben hatten, als Güllens „beliebtesten Bürger", suchen nun die Distanz.
In der Zusammenschau mit anderen religiösen Bezügen findet sich Berechtigung, an eine Anspielung auf Lukas 22, 34 zu denken, wo Jesus zu Petrus sagt: „Bevor der Hahn kräht, wirst du dreimal behaupten, daß du mich nicht kennst."
Unter den Gestaltungsmitteln Dürrenmatts – insonderheit im „Besuch der alten Dame" – brillieren die Aktschlüsse.
Am Ende des ersten Aktes spricht Claire Zachanassian die Worte: „Ich warte."
Ills Erkenntnis: „Ich bin verloren!" beschließt den zweiten Akt.
Die Güllener enden ihr Chorgebet zum Schlusse des dritten Aktes: „Damit wir das Glückliche glücklich genießen."
Es verbindet sich jeweils eine aufs äußerste verdichtete Momentaufnahme der dramatischen Situation mit dem Element der Vorausverweisung. Zu Wort kommt der Handlungsträger, welcher im Zentrum des ausklingenden Aktes agiert hat. Die ersten beiden Aktschlüsse markieren dynamische Bewegungen auf den Vollzug der Katastrophe zu.
Claire hat ihren Milliardenköder ausgelegt, sie weiß um seine sichere Wirkung. Sie braucht nichts zu tun, außer zu warten. Die simultane Handlung verleiht dem sichtbaren Ausdruck.
Ill hat vergeblich auf Güllener Solidarität und Amtshilfe vertraut. Die Anzeichen seines Verlorenseins zwingen ihn, sich mit dem Sterbenmüssen auseinanderzusetzen. Schritte aus dem Obergeschoß des Illschen Hauses verleihen diesem Vorgang hörbaren Ausdruck.
Die Güllener haben getötet für Geld. Mit dem Wohlstand ist die Angst eingekehrt, ihn wieder zu verlieren. Ihr Flehen zeigt das Unabänderliche dieser Situation. Sie sind verurteilt, auf ewig den Gesetzen des Konsums zu folgen.

„Dürrenmatt ist mit Recht als ein Meister in der Handhabung des Aktschlusses gewürdigt worden. Die Kritiker wiesen dabei auf sein eigentümliches Talent hin, die verschiedenen Handlungsstränge in einer oft überraschenden, unerwarteten Art zu bündeln und einen wirkungsvollen Schlußakzent zu setzen.“[64)]
Ob Motivreihen, Aktschlüsse oder Figurencharakteristik – die theaterwirksame Dynamik der Gestaltungsmittel wird überzeugend gefördert von sorgsamer Instrumentierung der Sprache bis hinein in die Regieanweisungen, was die Komödie auch als ein Lese-Stück empfiehlt.
Friedrich Dürrenmatts erklärter Selbstanspruch ist hoch: „So wie sich ein Organismus abschließt, indem er eine Haut bildet, ein Äußerstes, schließt sich ein Theaterstück durch die Sprache ab. Der Theaterschriftsteller gibt nur sie. Die Sprache ist sein Resultat. Darum kann man auch nicht an der Sprache an sich arbeiten, sondern nur an dem, was Sprache macht, am Gedanken, an der Handlung etwa, an der Sprache an sich, am Stil an sich arbeiten nur Dilettanten.“[65)]
Es fällt auf, daß bei ausdrücklicher Verneinung eines formalen Ansatzes die dramatische Funktionalität der Sprache hervorgehoben wird. Im Stück spiegelt sich dieser Sachverhalt beispielhaft wieder, wenn im Eingangsgespräch der Bahnhofsgaffer schmucklos und lakonisch eine betrübliche Tatsache über Güllen an die andere gereiht wird, ganz ohne attributive Ausgestaltung, dafür aber unter Verwendung einer Synonymreihe: ruiniert, zusammengekracht, bankrott, eingegangen. Ähnliches wiederholt sich, als der „Rasende Roland“ plötzlich anhält, mit Hilfe von Superlativen, die Güllen als „verarmtestes, lausigstes, erbärmlichstes Nest“ kennzeichnen.
Unbezweifelbar gehören auch das Ritual der Güllener Gemeindeversammlung mit Sprachanklängen an den Gottesdienstbereich sowie der sophokleische Chor im Welthappyend und seine Sprachparodie in diesen Zusammenhang.

---

64) Michael Peter Loeffler, Friedrich Dürrenmatts 'Der Besuch der alten Dame' in New York, S. 72

65) Friedrich Dürrenmatt, Komödien, S. 188

Der Wandel im Bewußtsein der Güllener von spontaner Solidarisierung mit dem potentiellen Mordopfer Ill hin zur Verurteilung Ills aus ökonomischen Erwägungen und Zwängen heraus, spiegelt sich wider in ihren Äußerungen, wie nachstehende Auswahl verdeutlicht:

> „Mein lieber Ill, Sie sind seit langem schon die beliebteste Persönlichkeit in Güllen". (Bürgermeister im 1. Akt)
>
> „Du bist schließlich die beliebteste Persönlichkeit".
> (Der Zweite im 2. Akt, beim Kreditkauf)
>
> „Für den Posten eines Bürgermeisters sind gewisse Forderungen sittlicher Natur zu stellen, die Sie nicht mehr erfüllen, das müssen Sie einsehen."
> (Bürgermeister im 2. Akt)
>
> „Gott wird ihn strafen". (Der Erste im 3. Akt)
>
> „Wenn Sie reden wollen, müssen wir das Ganze eben ohne Gemeindeversammlung machen." (Bürgermeister im 3. Akt)
>
> „Steh auf, du Schwein." (Polizist im 3. Akt)

Die Scheinmoral des Bürgermeisters, das antike Pathos des Lehrers – trunken von Alkohol, aber aufrichtig in seiner positiven, trunken von kollektiver Besitzgier und heuchlerisch in seiner negativen Ausprägung – fügen sich zur Einschätzung von Elisabeth Brock–Sulzer: „...die Reden, die Lehrer und Bürgermeister vor der Erledigung Ills halten, sind Meisterwerke der Rabulistik, vielleicht sogar einer unbewußten Rabulistik, sie können ohne Gefahr den Ätherwellen übergeben werden, niemand als der Wissende wird sie durchschauen."[66)]

An anderer Stelle ist bereits auf den Doppelsinn in Claires kurzen Dialogen mit Güllener Standespersonen und dem kräftigen Turner aufmerksam gemacht worden. Die Sprache der Milliardärin hat etwas

---

66) Elisabeth Brock–Sulzer, Dürrenmatt in unserer Zeit, S. 34

maschinenhaft Hartes. Nicht von ungefähr bezeichnet sie sich einmal als „wieder montiert". Kurze Hauptsätze dominieren, meist mit Erststellung des Subjekts, wenn es nicht verkürzend sogar weggelassen wird. Gelegentlich bleibt der prädikative Rahmen offen. Eine deutliche Tendenz zum Imperativischen drückt Machtbewußtsein aus. Lakonismus signalisiert Gefühlskälte: „Die Welt machte mich zu einer Hure, nun mache ich sie zu einem Bordell. Wer nicht blechen kann, muß hinhalten, will er mittanzen. Ihr wollt mittanzen. Anständig ist nur, wer zahlt, und ich zahle. Güllen für einen Mord. Konjunktur für eine Leiche. Los ihr beiden." (3. Akt)

„Tiefblau. Ein grandioses Panorama. Dort wirst du bleiben. Ein Toter bei einem Götzenbild aus Stein." (3. Akt)

„Wie ein Brasilianer. Das ist aber ein Irrtum. Er ist griechisch-orthodox. Sein Vater war Russe. Ein Pope traute uns. Hochinteressant." (1. Akt)

Gemäß der starren Figurenanlage finden sich in der Sprache von Claire Zachanassian keinerlei Anzeichen für eine Entwicklung der Gestalt, wie sie für Alfred Ill kennzeichnend sind.

So präsentiert sich der Krämer zunächst im Vollgefühl seiner Wichtigkeit, anmaßend, überheblich, prahlerisch, aber auch beflissen angesichts möglicher Bürgermeisterwürden: „Das geht natürlich nicht, Bürgermeister...." heißt es zum Begrüßungsplakat.

„....war schließlich ein Kerl, meine Herren, vor fünfundvierzig Jahren ..." prahlt er mit verflossener Potenz, fühlt sich aber auch jetzt noch Manns genug: „Sehen Sie, Herr Lehrer, d i e habe ich im Sack."

Im zweiten Akt erlebt man einen Ill, der immer unsicherer wird, aber die unübersehbaren Zeichen der Entwicklung nicht wahrhaben will: „Gute Kinder, brave Kinder" flieht er in die Selbsttäuschung, angesichts mangelnder Kontaktneigung von Sohn und Tochter.

Kredit gewährt Ill, „weil Sie es sind, Hofbauer, und weil wir zusammenhalten müssen."

„Womit wollt ihr zahlen?“ fragt er in aufflammender Erkenntnis die Besitzer der neuen gelben Schuhe. In der fünffachen Wiederholung des Fragewortes akzentuiert sich das Zerstieben von Ills Solidaritäts-Illusion.
Der Fortgang zeigt einen immer ängstlicher werdenden Mann.
„Ich verlange....“ heißt es noch gegenüber dem Polizisten,
„Ich habe mit Ihnen zu reden...“ beim Bürgermeister und schließlich
„Ich suche Hilfe...“ wenn er mit dem Pfarrer spricht.
„Ich bin verloren...“ artikuliert sich die Summe seiner Erfahrungen.
In der Endphase der Handlung führt Ill eine Sprache von ruhiger Autorität, die seine innere Läuterung kundtut: „Aber nun schloß ich mich ein, besiegte meine Furcht. Allein. Es war schwer, nun ist es getan. Ein Zurück gibt es nicht mehr.“
Die Sprache des „verschmierten, windigen Krämers“ – „Einen Liter Milch für jede der Damen“ – übersteigt jetzt mit Bildreichtum und syntaktischer Kraft den sozialgebundenen geringen Bildungsgrad der Ill–Figur:
„Die Ebene, die Hügel dahinter, heute wie vergoldet. Gewaltig die Schatten, in die wir tauchen und dann wieder das Licht. Wie Riesen die Krane der Wagnerwerke am Horizonte und die Schlote von Bockmann.“

„Wolkenungetüme am Himmel, übereinandergetürmt wie im Sommer. Ein schönes Land, überschwemmt vom Abendlicht.“

Nicht zuletzt zeigt sich auch in der Figurensprache der ästhetische Rang dieses Bühnenwerkes. Ein Stück wie aus einem Guß präsentiert sich dem Publikum. Anders, als Dürrenmatt sonst mit seinen geistigen Kindern zu verfahren pflegte, wurde die „alte Dame“ im Zustande der Originalschöpfung belassen.
Es war eine weise Entscheidung.

Literaturverzeichnis

Primärtexte, Zitatquellen, Eingesehenes

Arnold, Armin Friedrich Dürrenmatt. Köpfe des XX. Jahrhunderts. Band 57, Berlin 1969

Bänziger Hans Frisch und Dürrenmatt · Bern 1967(5)

Brock-Sulzer, Elisabeth (Hrsg.) Friedrich Dürrenmatt. Theater-Schriften und Reden · Zürich 1966

Brock-Sulzer, Elisabeth · Dürrenmatt in unserer Zeit. Eine Werkinterpretation nach Selbstzeugnissen · Basel 1971(2)

Der Spiegel Nr. 5 /1966

Der Spiegel Nr. 48/1969

Dürrenmatt, Friedrich Der Besuch der alten Dame. Eine tragische Komödie · Zürich 1962(6)

Dürrenmatt, Friedrich Komödien · Berlin 1965 (Anmerkung: Die Seitenzahlen der Erläuterungen zum Komödientext beziehen sich auf diese Ausgabe.)

Durzak, Manfred Dürrenmatt. Frisch. Weiss. Deutsches Drama der Gegenwart zwischen Kritik und Utopie · Stuttgart 1972(2)

Durzak, Manfred · Der deutsche Roman der Gegenwart Stuttgart u. a. 1973(2)

Frankfurter Allgemeine Zeitung, Nr. 62 vom 14. März 1987

Geißler, Rolf (Hrsg.) Zur Interpretation des modernen Dramas. Brecht. Dürrenmatt. Frisch · Frankfurt a. Main u. a. 1969(5)

Kästler, Reinhard · Sophokles. Antigone. Königs Erläuterungen und Materialien. Band 41/41 a · Hollfeld 1985

Kästler, Reinhard · Max Frisch. Andorra. Königs Erläuterungen und Materialien. Band 145 · Hollfeld 1986

Kästler, Reinhard · Max Frisch. Biedermann und die Brandstifter. Königs Erläuterungen und Materialien. Band 352 · Hollfeld 1987

Knopf, Jan Friedrich Dürrenmatt. Autorenbücher 3 · München 1977[2]

Knuth, Gustav · Darüber hab' ich sehr gelacht · Frankfurt a. Main 1980

Kuckhoff, Armin-Gerd Nachwort. in: Friedrich Dürrenmatt. Komödien
Berlin 1965

Lengborn, Thorbjörn · Schriftsteller und Gesellschaft in der Schweiz.
Zollinger. Frisch. Dürrenmatt
Eine Studie zur Behandlung der Gesellschaftsproblematik bei Zollinger, Frisch, Dürrenmatt · Frankfurt a. Main 1972

Loeffler, Peter Michael · Friedrich Dürrenmatts 'Der Besuch der alten Dame' in New York.
Schriften der Schweizerischen Gesellschaft für Theaterkultur Nr. 14
Ein Kapitel aus der Rezeptionsgeschichte der neueren Schweizer Dramatik · Basel und Stuttgart 1976

Mittenzwei, Werner · Kampf der Richtungen. Strömungen und Tendenzen der internationalen Dramatik · Leipzig 1978
Neues Deutschland · 21./22. März 1987

Profitlich, Ulrich · Friedrich Dürrenmatt. Komödienbegriff und Komödienstruktur · Stuttgart u. a. 1973

Schottlaender, Rudolf (Hrsg.) · Sophokles. Antigone. RUB. Band 659
Leipzig 1986[22]

Schüler, Volker · Dürrenmatt. Der Verdacht. Der Besuch der alten Dame. Untersuchungen und Anmerkungen. Analysen und Reflexionen. Band 16 · Hollfeld 1975

Syberberg, Hans-Jürgen · Zum Drama Friedrich Dürrenmatts (Diss.)
München 1963

Urs, Jenny · Dürrenmatt
Velber bei Hannover 1973

Weimarer Beiträge Nr. 12/66
darin: Erich Kühne, Satire und groteske Dramatik

Chemie

Th. Bokorny

Chemie Gerüst

Wegweiser und Ratgeber für Schüler und Abiturienten.
13. überarbeitete Auflage
128 Seiten

Bestell-Nr. 0674-2

Dieses kurze in Tabellenform abgefaßte Vademecum der Chemie soll kein Lehrbuch oder Lexikon sein, sondern die großen Linien und wissenswerten Teile der modernen Chemie übersichtlich klar und einprägsam veranschaulichen und in Erinnerung bringen.

Thomas Neubert

Chemische Formelsammlung 9.-10. Klasse

36 Seiten

Bestell.-Nr. 0685-8

Hier wurden die wesentlichen Formeln mit Ihren Anwendungsmöglichkeiten aufgezeichnet. Für den Schulunterricht und für häusliches Arbeiten ein wichtiges Hilfsmittel – echte Lernhilfe!

Deutsch

Christian Floto

Basisinterpretationen für den Literatur- und Deutschunterricht I

-Ausgewählte Stücke und Prosa von Shakespeare bis Ionesco-

96 Seiten 2. Auflage

Bestell-Nr. 0589-4
Nach einer kurzen Skizzierung der Literaturepoche werden anhand häufig gelesener Stücke Basisinterpretationen gegeben. Alle Beispiele entstanden im Unterricht der Sekundarstufen.
Folgende Stücke werden u.a. behandelt:
Shakespeare, Hamlet - Lessing, Nathan - Schiller, Wallenstein - Goethe, Iphigenie - Kleist, Marquise von O/Die Verlobung ... - Fontane, Effi Briest - Dostojewski, Der Spieler - Hauptmann, Rose Bernd -Mann, Tonio Kröger - Döblin, Berlin Alexanderplatz - Kafka, Der Prozeß - Brecht, Sezuan - Kipphardt, Oppenheimer - Frisch, Homo Faber - Frisch, Biedermann u. Br. - Ionesco, Die Stühle.

Bernd Matzkowski

Basisinterpretationen für den Literatur- und Deutschunterricht III

Untersuchungen und didaktische Hinweise zum Volksbuch Till Eulenspiegel.

Hinweise auf den Schelmenroman.

80 Seiten

Bestell-Nr. 0598-3

Sachanalyse - Ausgewählte Historien - Motivquerverbindungen zu Schelmenromanen des 16. und 17. Jahrhunderts - Vorschläge für die Behandlung im Unterricht u.a.

Karin Cohrs/Martin H. Ludwig

Basisinterpretationen für den Literatur- und Deutschunterricht V

Romane und Novellen des 19. Jahrh.

120 Seiten

Bestell-Nr. 0631-9

Aus dem Inhalt:
Einleitung, Politik und Kultur des 19. Jahrhunderts - Interpretationen ausgewählter Romane und Novellen.

Kurzbiographie des Dichters - Entstehung des Werkes - Inhalt - Charaktere - Situationen - Erschließung des Textes (stilistische Besonderheiten, literaturhistorischer Rahmen, gesellschaftliche und politische Bezüge usw.). Arbeitsfragen.
Hoffmann, Das Fräulein von Scuderi - Kleist, Das Erdbeben in Chili - Mörike, Maler Nolten - Gotthelf, Wie Uli der Knecht glücklich wird - Storm, Immensee - Droste-Hülshoff, Die Judenbuche - Raabe, die Akten des Vogelgesangs - Fontane, Der Stechlin - Eichendorff, Aus dem Leben eines Taugenichts - Keller, Die drei gerechten Kammacher - Storm, Hans und Heinz Kirch - Raabe, Die schwarze Galeere - Fontane, Schach von Wuthenow - Hauptmann, Bahnwärter Thiel

Rüdiger Giese/Christian Floto

Basisinterpretationen für den Literatur- und Deutschunterricht VI

Romane und Novellen aus dem 20.Jahrhundert

112 Seiten

Bestell-Nr. 0473-1

Schnitzler, Leutnant Gustl - Mann, Tod in Venedig - Kafka, Die Verwandlung - Hesse, Der Steppenwolf - Kästner, Fabian - Mann, Mephisto - Zweig, Schachnovelle - Böll, Haus ohne Hüter - Wolf, Der geteilte Himmel - Kempowski, Tadellöser und Wolff

Bausteine - Deutsch

stellt detailierte Unterrichtsstunden zur Behandlung unterschiedlichster Texte für die Sekundarstufen I und II vor.

Anordnung der Stunden als Sequenzen - Texte und Textanalysen - Didaktisch-methodische Arbeitshinweise - praktisch zu handhaben.

Angesprochen sind Lehrer und Lehramtsanwärter aller Schulformen.

Autoren sind: Praktiker - Ausbilder - Fachwissenschaftler aus allen Schulformen.

Bausteine Lyrik I

Spiel mit Sprache/Lyrischer Humor/Konkrete Poesie

Bestell-Nr. 0650-5

Bausteine Lyrik II

Balladen/Modernes Erzählgedicht/Chanson/Politische Lyrik/Thema- und Motivverwandschaft.
Bestell-Nr. 0651-3

Gerhart Hauptmann: Die Weber
Bestell-Nr. 0652-1

Max Frisch: Homo Faber
Bestell-Nr. 0653-X

Theodor Storm: Pole Poppenspäler
Bestell-Nr. 0654-8

Albert Camus: Die Pest
Bestell-Nr. 0655-6

George Orwell: 1984/Animal Farm
Bestell-Nr. 0656-4

Thomas Mann: Tonio Kröger
Bestell-Nr. 0657-2

Goethe-Plenzdorf: Werther
Bestell-Nr. 0658-0

Theodor Storm: Schimmelreiter
Bestell-Nr. 0659-9

Gotth. E. Lessing: Nathan der Weise
Bestell-Nr. 0660-2

Fr. Dürrenmatt:
Der Richter und sein Henker
Bestell-Nr. 0661-0

Joh. W. von Goethe: Faust I/II
Bestell-Nr. 0662-9

Jos. v. Eichendorff: Taugenichts
Bestell-Nr. 0663-7

Hermann Hesse: Der Steppenwolf
Bestell-Nr. 0664-5

Franz Kafka: Kurze Prosaformen
Bestell-Nr. 0665-3

Joh. Wolfg. von Goethe:
Iphigenie auf Tauris
Bestell-Nr. 0666-1

Bert Brecht: Leben des Galilei
Bestell-Nr. 0667-X

Annette von Droste-Hülshoff:
Die Judenbuche
Bestell.-Nr. 0668-8

Dichtung in Theorie und Praxis

Texte für den Unterricht

Mit dieser Serie von Einzelheften legt der BANGE-VERLAG Längs- und Querschnitte durch Dichtungs-(Literatur) Gattungen für die Sekundarstufen vor.
Jeder Band ist - wie der Reihentitel bereits aussagt - in die Teile Theorie und Praxis gegliedert; darüber hinaus werden jeweils zahlreiche Texte geboten, die den Gliederungsstellen zugeordnet sind. Ein Teil Arbeitsanweisungen schließt sich an, der entweder Leitfragen für die einzelnen Abschnitte oder übergeordnete oder beides bringt.
Wir hoffen bei der Auswahl der Texte eine „ausgewogene Linie" eingehalten und die Bände für die Benutzer wirklich brauchbar gestaltet zu haben.

Bestell-Nr.

450 Die Lyrik
451 Die Ballade
452 Das Drama
453 Kriminalliteratur
454 Die Novelle
455 Der Roman
456 Kurzprosa
(Kurzgeschichte, Kalendergeschichte/Skizze/Anekdote)
457 Die Fabel
458 Der Gebrauchstext
459 Das Hörspiel
460 Trivialliteratur
461 Die Parabel
462 Die politische Rede
463 Deutsche Lustspiele und Komödien

Weitere Bände in Vorbereitung

Egon Ecker

Wie interpretiere ich Novellen und Romane?

Methoden und Beispiele
180 Seiten - 2. Auflage

Bestell-Nr. 0686-6

Notizen zur Betrachtung eines dichterischen Textes - zur Technik der Interpretation.

Beispiele:
Keller, Drei gerechte Kammacher

Novellen:
Büchner, Lenz - Storm, Schimmelreiter - Andres, Die Vermummten

Romane:
Mann, Königl. Hoheit - Frisch, Homo Faber - Andres, Knabe im Brunnen - Andersch, Sansibar.
Zur Theorie der Novelle - Zur Theorie des Romans - Gliederungsvorschläge - Themenvorschläge - Literaturverzeichnis

Egon Ecker

Rechtschreibung und Diktate

3./4. Jahrgangsstufe

2. Auflage, 112 Seiten

Bestell-Nr. 0579-7

Als Band für die Vorbereitung des Übertritts in andere Schularten gibt der Autor ein Hilfsmittel zur richtigen Schreibweise und Anwendung der deutschen Sprache.

Inhalt: Groß- und Kleinschreibung - Gleich und ähnlichklingende Laute - Dehnung - Schärfung - Silbentrennung - Sprachlehre - Satzmodelle - Diktatstoffe - Lösungen u.v.a.

Epochen deutscher Literatur

Kurzgefaßte Abhandlung für den Deutschunterricht an weiterführenden Schulen.

Bestell.-Nr. 0480
Die deutsche Romantik I
Frühromantik

Bestell.-Nr. 0481
Realismus des 19. u. 20. Jahrhunderts

Bestell.-Nr. 0482
Impressionismus und Expressionismus

Bestell.-Nr. 0483
Sturm und Drang

Bestell.-Nr. 0484
Die deutsche Romantik II
Spätromantik

Bestell.-Nr. 0485
Die Deutsche Klassik

Bestell.-Nr. 0486
Von der Aufklärung zum Sturm und Drang
Literaturgeschichtliche Querschnitte

Bestell.-Nr. 0487
Deutsche Dichtung des Barock

Textanalyse 1
Umgang mit fiktionalen (literarischen) Texten

152 Seiten

Bestell-Nr. 0641-6

Aus dem Inhalt:
I. Der Begriff des fiktionalen Textes: Das "Ästhetische" der Literatur - Betrachtungsweisen von Literatur - Literarische Wertung.

II. Probleme der Interpretation: Der Prozeß des "Verstehens" - Methoden der Literaturinterpretation - Arbeitstechniken (Textwiedergabe / Texterarbeitung / Texterörterung).

III. Beispiele für Interpretationen: Epische Texte - Dramatische Texte - Gedichte.
IV. Massenliteratur.

Textanalyse 2
Umgang mit nichtfiktionalen (Gebrauchs-)Texten

144 Seiten

Bestell-Nr. 0642-4

Aus dem Inhalt:
I. Der Textbegriff.
II. Eine Typologie von Gebrauchstexten.
III. Bedingungen der Textanalyse.
IV. Methoden der Textanalyse: Textwiedergabe - Text beschreibung - Texterörterung.
V. Beispiele für Textanalysen: Darstellende Texte (Sachtexte/Wissenschaftliche Texte) - Werbende Texte (Werbetexte/Politische Reden) - Gesetzestexte.

Gebrauchstextanalysen

-Methoden und Beispiele-

2. Auflage, 80 Seiten

Bestell-Nr. 0588-6

Herausgegeben von einem Arbeitskreis der Pädagogischen Akademie Zams.

Aus dem Inhalt:
I. Warum Textuntersuchung? Begriffserklärungen
II. Textanalyse - Textkritik
Vorgestellt werden nur drei Möglichkeiten einer Analyse:
a) Kommunikationstheoretischer Aspekt
b) stilistischer Aspekt
c) soziologischer Aspekt
III. Gebrauchstexte verschiedener Art, die auf o.a. Aspekte hin untersucht, bzw. kritisiert wurden.

Ordnung der Texte nach Themenkreisen:
Werbetexte - Ferienprospekte - Kinoprogramme - Diverse Jugendzeitschriften (Bravo u.a.) - Illustrierte und Frauenzeitschriften (Frau im Spiegel u.a.) - Schullesebücher: Politische Beiträge/Kulturelle Beiträge - Literarische Texte.

Robert Hippe
Mündliche und schriftliche Kommunikation

2. Aufl., 104 Seiten

Bestell-Nr. 0563-0

Sprache - Sprache und Verständigung
Grundbegriffe der Kommunikation - Die drei Dimensionen des Zeichens - Verschiedene Arten von Zeichen - Sprache und Norm
Die Rede - Formen der Rede - Rhetorische Figuren - Analyse vorgegebener Reden - Redeanleitungen, - analysen und - sammlungen - Der Weg zur eigenen Rede - Exkurs 1: Kodierungsebenen - Exkurs 2: Die Sprache der Werbung als appellative Rede
Das Referat - Verfahrensschritte - Beurteilungskriterien - Geeignete Stoffe zur Auswahl
Die Diskussion - Analyse einer vorgegebenen Diskussion - Hinweise auf Vorbereitung, Durchführung und Zielsetzung einer Diskussion - Der Diskussionsbeitrag im sogenannten "Fünfsatz" - Die Debatte - Bericht(erstattung), Kolloquium, Vorlesung
Das Protokoll - Die Arten des Protokolls - Kriterien für die Beurteilung von Stundenprotokollen - Analyse von Protokollen
Die Inhaltsangabe - Merksätze zur Abfassung - Verfahrensschritte - Analyse von Inhaltsangaben - Geeignete Stoffe zur Auswahl
Die Erörterung - Merksätze zur Abfassung - Analyse von Erörterungen - Geeignete Stoffe zur Auswahl.

Robert Hippe
Umgang mit Literatur

2. Auflage, 116 Seiten

Bestell-Nr. 0564-9

Definition von Literatur - Grundformen von Literatur - Merkmale der Lyrik - Merkmale der Epik - Merkmale der Dramatik - Formprobleme der Literatur - Aufbauprobleme in der Literatur - Arten der Interpretation - Was ist Interpretation - Literatur und Wirklichkeit u.v.a.

Robert Hippe
Sprach- und Textbetrachtungen

132 Seiten

Bestell-Nr. 0569-X

Sprachbetrachtungen

Historisch - Theorien über die Entstehung der Sprache(n) - Die indogermanische (idg.) Sprachfamilie - Die geschichtliche Entwicklung des Hochdeutschen - Lehn- und Fremdwörter - Sprachrätsel und Sprachspiele - Auswahl-Bibliographie.
Systematisch - Grammatik - die traditionelle Grammatik - Die generative Transformationsgrammatik - Die strukturelle Grammatik.

Textbetrachtung

Allgemeines - Definition von Text - Textsorten - Beispiele - Übungen - Auflösung der Rätsel.

Robert Hippe

Textanalysen

mit Aufgaben und Übungen
3. Aufl., 120 Seiten

Bestell-Nr. 0586-X

Einleitung: Über Text, Textbeschreibung und Textanalyse

I.Fiktionale (literarische) Texte

Lyrik
(Barock, Sturm und Drang, Klassik, Romantik, Realismus, Expressionismus, Hofmannsthal und Rilke, Lyrik nach 1945, Motivgleiche Gedichte). Jeweils an Beispielen erklärt.

Epik
(Roman, Novelle, Märchen, Fabel, Kurzgeschichte, Sonderform des Essays)

Dramatik

II . Unterhaltungs- und Trivialliteratur

III. Nicht fiktionale (nicht literarische) Texte

Werbetexte - Gesetzestexte - Kochrezepte - Redetext (rhetorischer Text)

Robert Hippe

Kurzgefaßte deutsche Grammatik und Zeichensetzung

9. Auflage, 72 Seiten

Bestell-Nr. 0515-0

Ein Abriß der deutschen Grammatik systematisch und fundamental dargeboten; beginnend mit den Wortarten, Betrachtung der Satzteile und Nebensätze bis zu den Satzzeichen, Beispiele durchsetzen das Ganze und Lösungen sollen Fehler auffinden helfen. Ein nützliches in Tausenden von Exemplaren bewährtes Übungs- und Nachhilfebuch.

Robert Hippe

Interpretationen zu 62 ausgewählten motivgleichen Gedichten

mit vollständigen Gedichtstexten
6. Auflage, 120 Seiten

Bestell-Nr. 0587-7

Der Verfasser hat die wiedergegebenen Interpretationen und Auslegungen in langen Gesprächen und Diskussionen mit Oberprimanern erarbeitet. Die hier angebotenen Deutungsversuche erheben keinen Anspruch auf die einzig möglichen oder richtigen, sondern sollen Ausgangspunkte für Weiterentwicklungen und Erarbeitungen sein.
Aus dem Inhalt: Themen wie Frühling - Herbst - Abend und Nacht - Brunnen - Liebe - Tod - Dichtung u.v.a.

Robert Hippe

Interpretationen zu 50 modernen Gedichten

mit vollständigen Gedichtstexten
4. Auflage, 136 Seiten

Bestell-Nr. 0597-5

Der vorliegende Band verspricht Interpretationshilfe und Deutungsversuche - in unterschiedlicher Dichte und Ausführlichkeit - für 50 moderne Gedichte. Materialien und Auswahlbibliographie geben den Interessenten Hilfen für den Deutsch- und Literaturunterricht. Für den Lehrer eine echte Bereicherung zur Vorbereitung des Unterrichts.

Aus dem Inhalt: Lasker-Schüler - Hesse - Carossa - Benn - Britting - Brecht - Eich - Kaschnitz - Huchel - Kästner - Bachmann - Piontek - Celan - Härtling - Reinig - Grass - Enzensberger u.v.a.

Robert Hippe

Kurzgefaßte deutsche Rechtschreiblehre

64 Seiten

Bestell-Nr. 0519-3

Anleitungen - Ausarbeitungen - Gliederungen - Themenvorschläge u.v.a.
jeweils mit Lösungsschlüssel

A. Unterstufe

Erlebnisschilderung oder -erzählung
Vorgangsschilderung oder -erzählung
Die Nacherzählung, die Erklärung oder Arbeitsanweisung, Vorgangsbericht oder Beschreibung, Inhaltsangabe

B. Mittelstufe

Die Schilderung, Stimmungsbild, Charakteristik, Bericht und Inhaltsangabe, sachliches Schreiben, Facharbeit, Erörterung u.a.

Interpretationen motivgleicher Gedichte in Themengruppen

mit vollständigen Gedichtstexten

Band 1:

Edgar Neis

Der Mond in der deutschen Lyrik

80 Seiten

Bestell-Nr. 0620-3

Arp - Bischoff - Borchert - Boretto - Britting - Brokkes - Bürger - Claudius - Däubler - Droste-Hülshoff - Geibel - Gleim - Goethe - Härtling - Heine - Holz - Klopstock - Krähenbühl - Krolow - Lange - Lehmann - Leonhard - Lichtenstein - zur Linde - Maurer - Morgenstern - Rasche - Rühmkorf - v. Stollberg - Trakl - v.d. Vring - Werfel - Wiens.

Band 2:

Edgar Neis

Politische-soziale Zeitgedichte

2. Auflage, 112 Seiten

Bestell-Nr. 0621-1

Bachmann - Biermann - Brecht - Bürger - Celan - Dehmel - Domin - Enzensberger - Le Fort - Freiligrath - Gryphius - Hädecke - Hagelstange - Heine - Herwegh - Keller - Kerr - Logau - Marti - Platen - Sabias - Salis - Schenkendorf - Schiller - Schreiber - Schubart - Tucholsky - W.v.d. Vogelweide - Weitbrecht - Wildenbruch.

Band 3:
Edgar Neis
Der Krieg im deutschen Gedicht
2. Auflage, 112 Seiten

Bestell-Nr. 0622-X

Bender - Benn - Biermann - Binding - Brambach - Brecht - Claudius - Dehmel - Eich - Flex - Le Fort - Fried - Gleim - Goethe - Hakel - Heise - Heym - Hölderlin - Höllerer - Huchel - Jahn - Jean Paul - Kaschnitz - Kästner - Körner - Leib - Lersch - Leonhard - Liliencron - Logau - Menzel - Mosen- Mühsam - Münchhausen - Neumann - Nick - W. Paul - Sachs - Schiller - Schnurre - Schuhmann - Stramm - Toller - Toussel - Trakl - Tumler - Vogel - Wiechert.

Band 5:
Robert Hippe
Der Tod im deutschen Gedicht
2. Auflage, 80 Seiten

Bestell-Nr. 0624-6

Bächler - Benn - Brecht - Celan - Claudius - Droste-Hülshoff - Eich - Goethe - Gryphius - Hesse - Heym - Hofmannsthal - Hofmannswaldau - Höllerer - Kaltneker - Keller - Klopstock - C.F. Meyer - Mörike - Nick - Nietzsche - Novalis - Rilke - Schiller - Storm - Stramm - Trakl - Uhland.

Band 6:
Robert Hippe
Die Jahreszeiten im deutschen Gedicht
2. Auflage, 80 Seiten

Bestell-Nr. 0625-4

Benn - Britting - Claudius - George - Gerhardt - Goes - Goethe - Hagedorn - Heine - Hebbel - Hesse - Hofmannsthal - Hölderlin - Hölty - Huchel - Lenau - Logau - C.F. Meyer - Mörike - Rilke - Stadler - Storm - Trakl - Uhland - W.v.d. Vogelweide.

Band 7:
Robert Hippe
Deutsche politische Gedichte
2. Auflage 68 Seiten

Bestell-Nr. 0626-2

Baumann - Biermann - Becher - Below - Brecht - Delius - Enzensberger - Fried - Fürnberg - Gomringer - Grass - Heine - Hoffmann v. Fallersleben - Holzapfel - Karsunke - Kunert - Luckhardt - Morawietz - Pottier - Radin - v. Saar - Scherchen - Schneckenburger - U. Schmidt - Schuhmann- Vesper - Walraff - Weinheber - Wessel - Zimmerling.

Band 8:
Edgar Neis
Die Welt der Arbeit im deutschen Gedicht
100 Seiten

Bestell-Nr. 0627-0

Barthel - Bartock - Billinger - Brambach - Bröger - Chamisso - Dehmel - Dortu - Engelke - Freiligrath - Grisar - Heine - Herwegh - Jünger - Krille - Lersch - Lessen - Naumann - Petzold - Pfau - Piontek - Rilke - Schreiber - Seidel - Weerth - Weinheber - Wieprecht - Winckler - Zech.

Band 9:
Edgar Neis
Deutsche Tiergedichte
136 Seiten

Bestell-Nr. 0628-9

Barth - Bergengruen - Billinger - Boretto - Brecht - Britting - Busch - Claes - Dauthendey - Dehmel - Domin - Droste-Hülshoff - Eggebrecht - Eich - Freiligrath - Gellert - Gleim - Goethe - Grillparzer - Groth - Härtling - Hagedorn - Haushofer - Hausmann - Hebbel - Heine - Hesse - Huchel F.G. Jünger - W. Lehmann - Liliencron - A.G. Kästner - Keller - Kolmar - Krolow - C.F. Meyer - Morgenstern - Pfeffel - Piontek - Rilke - Ringelnatz - Eugen Roth - N. Sachs - Schaefer - Trakl - Vring - Weinheber - Wiedner - Zachariae - Zuckmayer.

Interpretationen zeitgenössicher Kurzgeschichten

Robert Hippe

5. Auflage, 80 Seiten

Bestell-Nr. 0601-7

Band 2: Andres, Trockendock - Benn, Gehirne - Bergengruen, Arzt von Weißenhasel / Legende von den zwei Worten - Böll, Bahnhof von Zimpren / Besenbinder / Erinnerungen eines jungen Königs / So ein Rummel - Brecht, Augsburger Kreidekreis - Döblin, Ermordung einer Butterblume - Dürrenmatt, Tunnel - Eich, Stelzengänger - Franck, Das verstandene Gedicht - Gaiser, Ein Mensch, den ich erlegt habe - Hampel, Das mit dem Mais - Hildesheimer, Eine größere Anschaffung - Kafka, Kübelreiter / Sorge des Hausvaters - Kasack, Mechanischer Doppelgänger - Langgässer, Die getreue Antigone / Untergetaucht - Musil, Portugiesin - Risse, Verkehrsunfall - Schnurre, Ein Fall für Herrn Schmidt.

Karl Brinkmann

4. Auflage, 80 Seiten

Bestell-Nr. 0602-5

Band 3: Aichinger, Plakat - Alverdes, Die dritte Kerze - Böll, Damals in Odessa / Mann mit den Messern / Lohengrins Tod / Wanderer kommst du nach Spa ... - Borchert, Die lange, lange Straße lang / Generation ohne Abschied / Lesebuchgeschichten - Eisenreich, Ein Augenblick der Liebe - Gaiser, Brand im Weinberg / Du sollst nicht stehlen - Langgässer, Die zweite Dido / Glück haben - Lenz, Jäger des Spottes - Schnurre, Die Tat - Spang, Seine große Chance - Spervogel, Hechtkönig - Wiechert, Hauptmann v. Kapernaum / Hirtenknabe.

Martin Pfeifer

4. Auflage, 84 Seiten

Bestell-Nr. 0603-3

Band 4: Aichinger, Hauslehrer / Nichts und das Boot - Bender, Die Wölfe kommen zurück - Böll, Über die Brücke / Es wird etwas geschehen - Brecht, Mantel des Ketzers - Britting, Brudermord im Altwasser - Eich, Züge im Nebel - Ernst, Das zweite Gesicht - Fallada, Lieber Hoppepoppel - Franck, Taliter - Hesse, Beichtvater / Bettler - Johnson, Jonas zum Beispiel - Kusenberg, Eine ernste Geschichte - Langgässer, Saisonbeginn - Le Fort, Frau des Pilatus - Meckauer, Bergschmiede - Pohl, Yannis letzter Schwur - Rinser, David - Schäfer, Hirtenknabe - Schallück, Der Tod hat Verspätung - v. Scholz, Das Inwendige - Walser, Ein schöner Sieg - Weisenborn, Aussage.

Edgar Neis

3. Auflage, 56 Seiten

Bestell-Nr. 0604-1

Band 5: Borges, Das geheime Wunder - Calderón, Invasion - Callaghan, ein sauberes Hemd - Campos, Solidarität - Carson, Ein Mädchen aus Barcelona - Hemingway, Die Killer - Huxley, Schminke - Joyce, Eveline - Katajew, Die Messer - Mansfield, Für sechs Pence Erziehung - Manzoni, Die Repräsentiertasse - Olescha, Aldebaran - Saroyan, Vom Onkel des Barbiers, dem von einem Zirkustiger der Kopf abgebissen wurde - Sarte, Die Mauer - Timmermans, Die Maske.

Karl Brinkmann

3. Auflage, 80 Seiten

Bestell-Nr. 0605-X

Band 6: Andersch, Sehnsucht nach Sansibar - Böll, Wie in schlechten Romanen /Undines gewaltiger Vater - Gaiser, Das Wespennest / Fünfunddreißig Meter Tüll / Der Motorradunfall - Grass, Der Ritterkreuzträger - Hildesheimer, Nächtliche Anrufe - Holthaus, Geschichten aus der Zachurei / Allgemeines / Wo liegt Zachzarch / Das Wirtshaus Zum Vollautomatischen Bären - Lenz, Masurische Geschichte / Der Leseteufel / So schön war mein Markt / Der große Wildenberg - Kramp, Was der Mensch wert ist - Reding, Die Bulldozer kamen / Während des Films / Jerry lacht in Harlem / Fahrerflucht - Schnurre, Wovon der Mensch lebt - Walser, Die Artikel, die ich vertrete.

Rudolf Kanzler

64 Seiten

Bestell-Nr. 0606-8

Band 7: Aichinger, Die Silbermünze - Altendorf, Der Knecht Persenning - Andersch, Ein Auftrag für Lord Glouster - Bauer, Hole deinen Bruder an den Tisch - Britting, Der Gang durchs Gewitter - Dörfler, Der Kriegsblinde - Hesse, Das Nachtpfauenauge - Hildesheimer, Der Urlaub - Kaschnitz, Gespenster - Lenz, Die Nacht im Hotel - Th. Mann, Das Eisenbahnunglück - Noack, Die Wand - Ohrtmann, Der Sched ist wieder da - Rinser, Der fremde Knabe - Schallück, Unser Eduard - Wiechert, Mein erster Adler.

Edgar Neis

80 Seiten

Bestell-Nr. 0607-6

Band 8: Andersch, Grausiges Erlebnis - Bachmann, Alles - Bender, In der Gondel / Fondue - Bichsel, Tochter - Bobrowski, Epitaph für Pinnau - Bolliger, Verwundbare Kindheit - Brecht, Wiedersehen - Eisenreich, Der Weg hinaus - Fritz, Schweigen vieler Jahre - Fühmann, Judenauto / Schöpfung - Gaiser, Gazelle grün - Heissenbüttel, Wassermaler - Kaschnitz, Das rote Netz - Kunert, Fahrt mit der S-Bahn - Nossack, Das Mal - Reinig, Drei Schiffe - A. Schmidt, Resümee - Walser, Tänzer / Knabe - Wohmann, Ich Sperber / Der Schwan / Knurrhahn-Stil.

Robert Hippe

72 Seiten

Bestell-Nr. 0608-4

Band 9: Aichinger, Fenster-Theater - Bichsel, Holzwolle - Brecht, Vier Männer und ein Pokerspiel - Frank, Die Monduhr - Fuchs, Gedankenaustausch - Geißler, Kalte Zeiten III - Heckmann, Die Wohltaten des Löffels / Das Henkersmahl - Holthaus, Warhaftige Geschichte von der Spazierfahrt - Kaschnitz, Popp und Mingel / Christine - Klose, Am roten Forst - Kunert, Andromeda zur Unzeit - Lenz, Die große Konferenz - Magiera, In den Sand geschrieben - Marti, Neapel sehen - Mechtel, Ein kleiner Tag - Nossack, Helios GmbH - Novak, Schlittenfahren - Weissenborn, Die Stimme des Herrn Gasenzer / Die Sache mit Dad - Wohmann, Denk immer an heut nachmittag - Weyrauch, Mit dem Kopf durch die Wand - Wohmann, Die Klavierstunde - Zeller, Der Tumbau.

Edgar Neis

80 Seiten

Bestell-Nr. 0609-2

Band 10: Bernhard, Die Mütze - Bichsel, San Salvador / Ein Tisch - Bobrowski, Lipmanns Leib - Brecht, Das Experiment - Brückner, Lewan / Schwierigkeiten beim Ausfüllen eines Meldezettels / Ein Pferd ist ein Pferd - Dürrenmatt, A's Sturz - Gaiser, Fällung eines Teichs - Hildesheimer, Nachtigall - F.G. Jünger, Urlaub - Kaschnitz, Eisbären - Koeppen, Baseballspieler - Kunert, Zirkuswesen - Musil, Das Fliegenpapier - Novak, Abgefertigt - Reinig, Skorpion - A. Schmidt, Sommermeteor - Weyrauch, Beginn einer Rache.

Wolfgang Kopplin

Kontrapunkte

160 Seiten

Bestell-Nr. 0547-9

Kontroversinterpretationen zur modernen deutschsprachigen Kurzprosa.
Prosatexte, zwischen 1963 und 1975 entstanden, dienen dem Autor dazu, die dialektische Methode des Pro und Kontra als Interpretationsansatz anzuwenden. Dem Primärtext schließen sich jeweils die Kontroversinterpretationen an. Ein Buch, welches Anregungen zum Verstehen und zur Entschlüsselung von Texten gibt.
Inhalt: Texte von Artmann - Bichsel - Dellin - Gerz - Gregor - Kunert - Reinig - Schnurre u.a. werden in einer Pro- und Kontra-Interpretation vorgestellt.

Albert Lehmann

Erörterungen

Gliederungen und Materialen
Methoden und Beispiele

3. verb. Auflage, 168 Seiten

Bestell-Nr. 0476-6

Die vorliegende Sammlung von 58 Gliederungen, die durch Erläuterungen - vornehmlich Beispiele - zu den einzelnen Gliederungspunkten erweitert sind, sollen die Wiederholung des Jahresstoffes erleichtern.
Stoffkreisthemen: Natur - Tourismus - Technik - Freizeit - Arbeit/Beruf - Konflikte zwischen den Generationen - Drogen - Kinder und Familie - Die Stellung der Frau in der Gesellschaft - Sport - Massenmedien und viele Einzelthemen.

Für Lehrer ein unentbehrliches Nachschlage- und Vorbereitungsbuch.

Birgit Lermen /
Matthias Loewen

Trickfilm als didaktische Aufgabe

Band 1: Sekundarstufe I
232 Seiten - Fotos
Bestell-Nr. 0618-1

Band 2: Sekundarstufe II
Bestell-Nr. 0619-X
216 Seiten - Fotos

Die Untersuchung über den Trickfilm als didaktische Aufgabe trägt der unterschiedlichen Ausgangslage in den beiden Stufen des Sekundarunterrichts Rechnung durch die Aufteilung in zwei Bände.

Band 1 stellt sich gezielt auf die Bedürfnisse und Erwartungen der Sekundarstufe I ein. Aus der Eigenart des Mediums Trickfilm wird ein Analyse-Instrumentarium entwickelt, dessen Brauchbarkeit an 13 Filmen unterschiedlicher Herkunft erprobt wird. Auf der damit geschaffenen Grundlage wird ein didaktisch-methodisches Konzept erstellt.

Band 2 orientiert sich an den Bedürfnissen der Sekundarstufe II. Eine semiotische Einführung erweitert und vertieft die in Band I erstellte Grundlage. Im Mittelpunkt stehen wieder die Einzelanalysen, deren Zahl des größeren Umfangs wegen auf zwölf reduziert ist.
Wie in Band I soll beides - Analysen und Einführung - als Basis dienen für didaktische Fragestellungen und Entscheidungen.
Die Auswahl der Filme wurde in beiden Bänden bestimmt durch :

a) das Ausleihangebot der Stadt und Kreisbildstellen in der Bundesrepublik,
b) die ästhetische Qualität,
c) die thematische Relevanz,
d) die didaktische Potenz.

Martin H. Ludwig

Das Referat

Kurze Anleitung zu einer Erarbeitung und Abfassung für Schüler und Studenten.

Bestell-Nr. 0646-7

Planen und Sammeln - Bibliographieren - Schreiben und Zitieren - Lesen und Notieren - Auswerten und Gliedern - Der Text - Der Vortrag.

Martin H. Ludwig

Praktische Rhetorik

Reden - Argumentieren - Erfolgreich verhandeln

Grafiken - 136 Seiten

Bestell.-Nr. 0688-2

Praktische Rhetorik ist ein Übungsfeld für jedermann! Ob bei der Sammlung von Gedanken, bei der Konzentration der Argumente, bei der Gestaltung einer Rede, in der Rücksichtnahme auf den Verhandlungspartner, bei der Vorsicht vor „gefährlichen" Redewendungen.

Aus dem Inhalt: Formale Rhetorik - Dekorative Rhetorik - Verwendung von Argumenten in der Verhandlung - Psychologie in der Verhandlung - Einzelne Techniken zur Durchsetzung von Anliegen - Positive Verhandlungstechniken - Wie wehre ich mich gegen ...? - Typische Verhandlungssituation - Wann sind welche Techniken angebracht?

Martin H. Ludwig/
Eckhard Ostertag

Lernen - Qual oder Zufall?

Vademecum der Lernarbeit
160 Seiten
Bestell-Nr. 063-4

Dieses Buch ist für solche Menschen geschrieben, die aus eigenem Antrieb lernen möchten, die eine Hilfe und Anleitung für ein leichteres und effektiveres Lernen gebrauchen können.

Aus dem Inhalt: – Warum Lernen lernen? – Wer lernt was warum? – Unter welchen Voraussetzungen lernen wir? – Wie lernen? – Wie lange lernen? – Wieviel lernen? – Wann lernen? – Wie oft lernen? – Womit lernen? – Wo lernen? – Lernen - ein Abenteuer mit sich und mit anderen – Wie das Gelernte festigen? Das eigene Mehrkanalprogramm – Lernen macht Spaß! – Checklisten und Übersichten

Methoden und Beispiele der Kurzgeschichten Interpretation

3. Auflage, 64 Seiten

Bestell-Nr. 0585-1

Herausgegeben und erstellt von einem Arbeitskreis der Pädagog. Akademie Zams.

Methoden: Werkimmanente, existenzialistische, grammatische, stilistische, strukturelle, kommunikative, soziologische, geistesgeschichtliche, historisch/biographisch/symbolistische Methode.

Beispiele: Eisenreich - Cortázar - Dürrenmatt - Brecht - Horvath - Bichsel - Kaschnitz - Lenz - Weißenborn - Rinser - Borchert - Nöstlinger - Wölfel - Langgässer.

An Beispielen ausgewählter Kurzgeschichten werden die einzelnen Methoden der Interpretation demonstriert und erläutert. Information und Nachschlagewerk für den Unterricht in den Sekundarstufen.

Edgar Neis

Das neue große Aufsatzbuch

-Methoden und Beispiele des Aufsatzunterrichts für die Sekundarstufen I und II -

212 Seiten - 5. Auflage

Bestell-Nr. 0636-X

Inhalt:
Zur Technik des Aufsatzschreibens - Stoffsammlung und Disposition - Wie schreibe ich eine Charakteristik? - Wie schreibe ich eine Erörterung? - Der dialektische Besinnungsaufsatz - Themen und Aufsätze zu Problemen unserer Zeit - Aufsätze zur Literatur - Wege der Texterschließung - Interpretationshinweise - Fachbegriffe der Aufsatzlehre (Lexikon der Terminologien) - Vorschläge für Aufsatzthemen - Themenkatalog für das Ende des 20. Jahrhunderts - Literaturnachweis.
Dieses Buch richtet sich an Lehrer und Schüler von Haupt-, Real- und Oberschulen (Gymnasien).
Breit einsetzbar in Grund- und Leistungskursen.

Edgar Neis

Deutsche Diktatstoffe -Unterstufe-

3. bis 7. Jahrgangsstufe
6. Auflage, 64 Seiten

Bestell-Nr. 0524-X

Edgar Neis

Moderne deutsche Diktatstoffe

-Sekundarstufe I-

5.-10. Jahrgangstufe

Bestell-Nr. 0693-9

Beide Bände sollen der Einübung und Wiederholung der Rechtschreibung und Zeichensetzung dienen. Jeder Band gliedert sich in zwei Teile, einen systematischen Teil, der zielbewußter Einübung von Wörtern, deren Schreibung Schwierigkeiten bereitet, dient und einen allgemeinen Teil. Dieser bringt zusammenhängende Diktatstoffe aus dem deutschen Schrifttum. Die Namen der Verfasser bürgen für die Stilhöhe der einzelnen Texte.

Edgar Neis

Interpretationen von 66 Balladen, Erzählgedichten und Moritaten

Analysen und Kommentare
5. Auflage, 176 Seiten

Bestell-Nr. 0590-8

Balladen des 18., 19. und 20. Jahrhunderts werden in diesem für Lehrer, Studenten und Schüler bestimmten Band ausführlich interpretiert und durch Erklärungen Verständnis für diese Art Dichtung geweckt. Eine unentbehrliche Hilfe für den Deutsch- und Literaturunterricht.

Aus dem Inhalt: Bürger - Herder - Goethe - Schiller - Uhland - Eichendorff - Heine - Droste-Hülshoff- Miegel - Brecht - Huchel - Celan - Chr. Reinig - Kunert u.v.a.

Edgar Neis

Interpretationen motivgleicher Werke der Weltliteratur

2. Auflage, je 144 Seiten

Dramatische, epische und lyrische Gestaltung der bekanntesten Stoffe der Weltliteratur werden mit knappen Inhaltsangaben vorgestellt und miteinander vergleichend interpretiert.

Band 1:
Mythische Gestalten **Bestell-Nr. 0548-7**

Alkestis - Antigone - Die Atriden (Elektra / Orest) - Iphigenie - Medea - Phädra

Band 2:
Historische Gestalten **Bestell-Nr. 0549-5**

Julius Caesar - Coriolan - Der arme Heinrich - Die Nibelungen - Romeo und Julia - Jeanne d'Arc / Die Jungfrau v. Orleans - Johann Joachim Winckelmann

Edgar Neis

Verbessere Deinen Stil

2. Auflage, 120 Seiten

Bestell-Nr. 0539-8

Der Autor versucht im vorliegenden Band vom grundlegenden Schema über Wortwahl und Satzgestaltung den Interessierten zu einer guten Ausdrucksform zu führen. Stil ist erlernbar, deshalb wurden im 2. Teil viele künstlerisch gestaltete, stilvolle Beispiele wiedergegeben.

Edgar Neis

Wie interpretiere ich ein Drama?

Methoden und Beispiele
2. Auflage - 224 Seiten

Bestell-Nr. 0633-8

Erstbegegnungen mit dramatischen Formen - Methode des Interpretierens - Wege zur Erschließung und Analyse eines Dramas.

Arbeit im Detail: Titel, Personen, Handlung, Aufbau, Sprache, Realisation, Bühnengestaltung, Regieanweisungen, sozio-kulturelle und historische Einordnung usw.

Modelinterpretationen - Zur Theorie des Dramas - Literaturverzeichnis.

Interessenten: Lehrer und Schüler aller Schulgattungen.

Edgar Neis

Wie interpretiere ich Gedichte und Kurzgeschichten?

13. Auflage, 208 Seiten

Bestell-Nr. 0530-3

Ein "Grundkurs", die Kunst der Interpretation zu erlernen und zu verstehen. Die tabellarischen Leitlinien führen den Benutzer des Buches zum Verständnis für diese Gattung der Poesie. Anhand von zahlreichen durchgeführten Interpretationen ist dieses Buch ein unentbehrliches Hilfsmittel für Schüler und Lehrer.

Eckhard Ostertag

Berufswahl - leichtgemacht

Der Fahrplan für eine systematische Berufsentscheidung
Grafiken – 112 Seiten

Bestell-Nr. 054-5

Was soll ich werden? – Welcher Beruf hat Zukunft? – Was kommt nach der Schule? – Wer hilft mir bei der Berufswahl? – Was kann ich tun, um nicht arbeitslos zu werden? – Wie bewerbe ich mich richtig? – Wie erhalte ich eine Lehrstelle? – Wie komme ich an einen Studienplatz?

Viele Fragen, Fragen, die heute oft nicht leicht zu beantworten sind. Existenzielle Fragen aber für alle jungen Menschen, die in einer Zeit des wirtschaftlichen und technologischen Umbruchs sich für einen Beruf entscheiden müssen.

Das vorliegende Buch will für alle Berufssuchende und deren Berater eine praktische Lebenshilfe geben. Es wird ein Fahrplan vorgelegt, der die vielfältigen Stationen des Berufswahlverlaufs übersichtlich und systematisch aufzeigt.

Reiner Poppe

Aufsätze im Deutschunterricht der Sekundarstufe I

Themen - Techniken - Beispiele

120 Seiten

Bestell-Nr. 0464-2

Das Aufsatzbuch ist für Schüler und Schülerinnen der Sekundarstufe I verfaßt. Es setzt Materialien und Techniken, Beispiele und vermittelnde Information ein, um den Schüler zum Verfassen eigener Texte **methodisch** anzuleiten. Die im Kapitel 4 vorgetragenen Beispiele erfassen in **kommunikativen Anwendungssituationen** die wichtigsten Textsorten:
Erzählbericht - Bericht - Beschreibung - Erörterung - (dialektischer) Besinnungsaufsatz - Interpretation. Der Schwerpunkt liegt dabei auf **alltagsrelevanten, pragmatischen Varianten** dieser Grundformen (Brief, Klappentext, Bedienungsanleitung, Sachtext, Inhaltsskizze, Leserbrief etc.)

Gliederung: Aufsatzformen nach Jahrgangsstufen geordnet/'richtlinienkonform' - Themen zum Üben - Techniken-Hilfsmittel, Beispiele (exemplarisch) - Glossar - Literaturhinweise.

Klaus Sczyrba

50 Kurzdiktate

für die 4. - 7. Klasse
mit 250 Übungsmöglichkeiten

116 Seiten + Lösungsheft

Bestell.-Nr. 0477-4

Der bekannte Autor Klaus Sczyrba bringt wieder eigene Diktate für rechtschreibschwache Schüler und Schülerinnen zum häuslichen Arbeiten.

Für die Hand des Lehrers als Kurztest-Übungen im Unterricht bestens geeignet. Der Autor hat selbst im Unterricht erfolgreich damit gearbeitet.

Klaus Sczyrba

Komm, wir schreiben!

Rechtschreibübungsheft für das 2. und 3. Schuljahr

Format: DIN A4 - 40 farbige Illustrationen
3. Auflage - 36 Seiten

Bestell-Nr. 0614-9

Freude ist der Motor zum Erfolg. Nach diesem Grundsatz will der Autor den Kindern durch die lustbetonte, sehr abwechslungsreiche Art dieses Heftes den Weg zu Rechtschreibsicherung leicht machen. In frohem Tun werden fast unauffällig fundamentale Kenntnisse der Rechtschreibung angeeignet, ohne daß die Kinder dabei den Eindruck des Übens haben.

Klaus Sczyrba

Komm, wir schreiben!

Rechtschreibübungsheft für das 3. und 4. Schuljahr

Format: DIN A4 - 60 farbige Illustrationen
2. Auflage – 60 Seiten

Bestell-Nr. 0616-5

Alle Übungen für die Kinder des 3. und 4. Schuljahres sind so angelegt, daß sie mit Freude durchgeführt werden. Sie enthalten kurzweilige Aufgaben, Reime und Rätsel. Die Richtigkeit der Lösungen kann leicht selbst überprüft werden.
Üben ist für Kinder oft freudlos und langweilig. Bei diesem Heft spüren sie aber nicht, daß "nur geübt" wird. In froher, zielstrebiger Arbeit wird fast unbewußt die Rechtschreibfertigkeit gesteigert.

Klaus Sczyrba

Lebensnahe Diktate

für die Grundschule mit angegliederten Übungsmöglichkeiten für das **2. bis 4 Schuljahr**
3. Auflage - 152 Seiten + Lösungsheft

Bestell-Nr. 0610-6

Dieses Übungsbuch ist aus der Erfahrung langjähriger Schularbeit entstanden und soll den Kindern vom 2. bis 4. Schuljahr helfen, ihre Rechtschreibleistungen zu verbessern.
Dazu werden 150 Diktate geboten, die in Ausmaß und Schwierigkeitsgrad dem Alter der Kinder entsprechen.
Zur vertiefenden Behandlung aller Rechtschreibbereiche sind jedem Diktat eine Reihe Übungsmöglichkeiten beigefügt.

Klaus Sczyrba

Wege zum guten Aufsatz für das 5.-9. Schuljahr

176 Seiten

Bestell-Nr. 0472-3

Diese ganz auf die Schulpraxis bezogene Büchlein bietet Hilfen und Anregungen für das Schreiben von Nacherzählungen, Erlebnisaufsätzen, Phantasiegeschichten, Beschreibungen, Schilderungen und Berichten. Außerdem enthält es Übungen zur Grammatik, zur Rechtschreibung und Ausdrucksverbesserung.

Ein weiteres Buch von unserem Erfolgsautor Klaus Sczyrba.

Klaus Scyrba

Neue lebensnahe Diktate

mit zahlreichen Übungsmöglichkeiten für das **2. bis 10. Schuljahr**

3. Auflage - 312 Seiten

Bestell-Nr. 0611-4

Wie in den früheren Ausgaben diese Buches werden hier wieder über 200 Diktate geboten, die in Ausmaß und Schwierigkeitsgrad dem Alter des Kindes entsprechen.

Klaus Sczyrba
Lebensnahe Dikate
mit zahlreichen Übungsmöglicheiten für das **5. bis 7. Schuljahr** + Lösungsheft

3. Auflage - 240 Seiten

Bestell-Nr. 0613-0

In diesem Übungsbuch werden 150 Diktate geboten, die Kindern des 5. bis 7. Schuljahres helfen sollen, ihre Rechtschreibkenntnisse zu verbessern.
Zur vertiefenden Behandlung aller Rechtschreibbereiche ist jedem Diktat eine Reihe Übungsmöglichkeiten beigefügt.

Klaus Sczyrba
Lebensnahe Diktate
100 Diktattexte mit 600 Lösungsmöglichkeiten für das **8. bis 10. Schuljahr**

3. Auflage
210 Seiten + Lösungsheft

Bestell-Nr. 0471-5

Das Buch will mit seinen Diktaten und Übungen zum richtigen Gebrauch unserer Sprache beitragen. Die Diktate sind nicht nur nach Rechtschreibschwierigkeiten oder zur Anwendung einer Regel konstruiert, sondern sind auf die Bedürfnisse von Zeit und Umwelt abgestimmt.
Übungsmöglichkeiten mit Lösungen machen dieses Buch für häusliches Arbeiten und für den Unterrichtsgebrauch gleichermaßen unentbehrlich.

Klaus Sczyrba
Lebensnahe Diktate
mit zahlreichen Übungsmöglichkeiten für das **5. bis 10. Schuljahr**

3. Auflage - 432 Seiten + Lösungsheft

Bestell-Nr. 0612-2

Auch dieses Übungsbuch soll den Kindern vom 5. bis 10. Schuljahr helfen, ihre Rechtschreibleistungen zu verbessern.
Die hier angebotenen 250 Diktate sind in Ausmaß und Schwierigkeitsgrad dem Alter entsprechend ausgewählt worden. Jedem Diktat ist eine Reihe Übungsmöglichkeiten beigefügt, ebenso wurde der entsprechende Wortschatz eingebracht.
Tabellen der Rechtschreibschwierigkeiten in den einzelnen Schuljahren runden diese Übungsbuch ab.

Klaus Sczyrba
Lebensnahe Grammatik für die Grundschule
für das 2. bis 4. Schuljahr

140 Seiten

Bestell-Nr. 0673-4

Die alltäglichen Begebenheiten zweier Kinder sind lebendige Einstiege in alle Bereiche der Grundschulgrammatik. In übersichtlicher Weise werden alle notwendigen Kenntnisse zur Beherrschung unserer Sprache kindgemäß vermittelt, die in den angegliederten Übungen angewandt werden können. So ist dieses Büchlein sehr hilfreich für den Unterricht in der Schule und die häusliche Einzelarbeit.

Klaus Sczyrba
Lebensnahe Sprachlehre in der Grundschule
50 Unterrichtsentwürfe für die Einführung aller wesentlichen Gebiete.

112 Seiten, Illustrationen

Bestell-Nr. 0615-7

Neubearbeitete 2. Auflage

Diese Unterrichtsentwürfe haben sich als eine vielbegehrte Hilfe erwiesen und ermöglichen, daß der sonst so trockene Stoff der Sprachlehre lebensnah, auf lustbetonte Weise eingeführt wird.
Jeder Entwurf ist eine Unterrichtseinheit, die sich über einen längeren Zeitraum erstreckt.

Klaus Sczyrba
Lebensnahe Grammatik für die Sekundarstufe I
5.-10 Klasse
Mit 100 Übungen + Lösungsheft

2. Auflage – 128 Seiten

Bestell-Nr. 0474-X

Wesentliche Ursache für die Fehlerhäufigkeit in der Rechtschreibung ist in der mangelnden grammatischen Erkenntnis zu suchen.
Das Buch will hier Abhilfe schaffen. In übersichtlicher Anordnung bietet es in den für das Leben wichtigen Bereichen der Grammatik viele Beispiele und Übungsmöglichkeiten.

Klaus Sczyrba
Rechtschreib-Olympiade
Übungen mit Lösungen für die 5.-7. Klasse

136 Seiten + Lösungsheft

Bestell-Nr. 0475-8

Unser Erfolgautor Klaus Sczyrba bringt mit diesem Band ein lebensnahes Rechtschreibbuch auf den Markt, welches durch seinen Wettbewerbcharakter sicher. viele Übende ansprechen wird.
Kurze Übungstexte zu den Schwierigkeiten der deutschen Sprache werden allen Benutzern Hilfe geben und einprägsam zukünftige Fehler vermeiden helfen.

Englisch

Peter Luther/Jürgen Meyer
Englische Diktatstoffe
Unter- und Mittelstufe Sekundarstufe I)

64 Seiten

Bestell.-Nr. 0647-5

Beginnend mit einfachsten Texten und Erklärungen wird hier der Benutzer der Bücher mit der englischen Grammatik, Wortlehre und Rechtschreibung vertraut gemacht. Die Texte geben Hinweise auf die Vorbereitung zur Nacherzählung und sind gestaffelt nach Schwierigkeiten und Themengruppen. Worterklärungen und Übungen zur Selbstkontrolle runden den Band ab.

Jürgen Meyer/Gisela Schulz

Englische Synonyme als Fehlerquellen

Übungssätze mit Lösungen
116 Seiten
Bestell.-Nr. 0596-7

Dieses Übungsbuch will helfen, die im Bereich der Synonyme immer wieder auftretenden Fehler zu vermeiden. Die Aufstellung ruht auf Beobachtungen, die die Verfasser im Unterricht gemacht haben und erhebt keinen Anspruch auf Vollständigkeit. Dier Übungssätze wurden so formuliert, daß die wichtigen Bedeutungsnuancen so klar wie möglich hervortreten. Die zur Kontrolle beigefügten Lösungen geben an, ob und wo Fehler gemacht worden sind.

Jürgen Meyer

Deutsch-englische/ englisch-deutsche Übersetzungsübungen

9.–13. Klasse

2. Auflage - 104 Seiten

Bestell.-Nr. 0594-0

Texte für Fortgeschrittene, die ihre Kenntnisse in Wortanwendung und Grammatik erweitern und überprüfen wollen.
Zu den zeitgemäßen deutschen Texten wurden die Vokabeln und deren Anwendungsmöglichkeiten gegeben und erklärt.
Am Schluß des Bandes die englischen Texte zur Kontrolle.
Breit einsetzbar in den Sekundarstufen, Grund- und Leistungskursen.

Jürgen Meyer/Ulrich Stau

Englisch 5./6. Klasse

Übungen mit Lösungen

96 Seiten - Viele Zeichnungen

Bestell.-Nr. 0687-4

Der gesammte Stoff Englisch der 5. und 6. Klasse wird in diesem Nachhilfebuch wiederholt. Die Benutzer können anhand von Übungen ihr Wissen testen und im Lösungsteil nachschlagen.

Der Stoff wurde den einschlägigen Lehrwerken an den Schulen der verschiedenen Bundesländer angeglichen um eine Benutzung nicht von den verschiedenen Kriterien der Bundesländer abhängig zu machen.

Den Schülerinnen und Schülern wird hier echte 'Lernhilfe' geboten!

Jürgen Meyer

Übungstexte zur englischen Grammatik

9. – 13. Klasse

2. Auflage - 96 Seiten

Bestell.-Nr. 0567-3

Der Band enthält Übungsmaterial zu aktuellen Fragen, u.a. Sachtexte zu Personen, wissenschaftliche Entdekkungen und zeitgeschichtlichen Ereignissen, die über das heutige Großbritannien und die USA informieren. Die Texte sind mit ausführlichen Hinweisen zu den Vokabeln sowie Übungen zur Syntax und zum Wortschatz versehen. Diskusssionsvorschläge und ein sorgfältig aufbereiteter Schlüssel bieten zusätzliche Unterrichtshilfen. Das Buch ist sowohl für Gruppenarbeit als auch für das Selbststudium geeignet.

Edgar Neis

Wie schreibe ich gute englische Nacherzählungen?

7. Auflage - 84 Seiten

Bestell-Nr. 0526-6

Langjährige, im gymnasialen Englischunterricht auf der Mittel- und Oberstufe, sowie bei zahlreichen Abiturprüfungen gewonnene Erfahrungen haben zur Herausgabe dieses Buches geführt. Texterfassung und -darstellung, Wortschatzerweiterung, Regeln der Stillehre, Erzählstil, idiomatische Redewendungen, Homophone, unregelmäßige Verben, Comment u.v.a.
Musterbeispiele als Vorlagen für Lernende.

John A. S. Phillips

Englisch für Frustrierte

Ratgeber für Muß-Studenten und Schüler der englischen Sprache

116 Seiten – Illustriert

Bestell-Nr. 0478-2

Dieses Buch ist für Leute geschrieben, denen vielleicht doch noch zu helfen ist, ihre verlorengegangene Freude an der englischen Sprache zurückzugewinnen. John A. S. Phillips, Lektor für Englisch an der Universität Bayreuth, Verfasser mehrerer humorvoller und skurriler Bücher, hat kein Lehrbuch im üblichen Sinne geschrieben. Es ist aber auch kein Amüsierbuch allein; dazu ist es dem Verfasser mit den Menschen, die seine Sprache lernen wollen, viel zu ernst.
Der Leser lernt viel, ohne belehrt zu werden. Was er bietet, will und kann kein systematisches Lehrbuch ersetzen, wohl aber „background" schaffen, bei Kennern der Sprache manches Tüpfelchen auf das „i" setzen und, wie erwähnt (– so auch der Titel –), Frustrierte wieder mobilisieren.
Enjoy it ...

Französich

Klaus Bahners

Französischunterricht in der Sekundarstufe II

(Kollegstufe)

Texte - Analysen - Methoden

104 Seiten

Bestell-Nr. 0565-7

Dieses Buch wendet sich an alle, die jetzt oder künftig auf der neugestalteten Oberstufe (Sekundarstufe II) Französischunterricht erteilen; vor allem an jüngere Kollegen und Referendare, aber auch an Studenten, die sich auf den Übergang vom wissenschaftlichen Studium zur pädagogischen Umsetzung vorbereiten wollen.

Werner Reinhard

Französische Diktatstoffe Unter- und Mittelstufe

1./2. Unterrichtsjahr, sowie 3./4. Unterrichtsjahr

3. Auflage - 96 Seiten

Bestell-Nr. 0532-0

Die nach dem Schwierigkeitsgrad geordneten Texte sind überwiegend Erzählungen und Berichte von Begebenheiten des täglichen Lebens, wobei unbekannte Vokabeln beigegeben sind. Mit den Texten lernt der Schüler die gehobene Umgangssprache, d.h. Vokabular und Wendungen, die er später für eigene Textproduktionen verwenden kann. Den Texten vorangestellt sind Bemerkungen zur Rechtschreibung, die nützliche Rechtschreibregeln enthalten.

Paul Kämpchen

Französische Texte zur Vorbereitung auf die Reifeprüfung

80 Seiten

Bestell-Nr. 0522-3

Übungen für Grammatik, des Stils und eine der Prüfungsarten - die Nacherzählung - sollen hier dem Anwärter zur Prüfung nahegebracht werden. Kurze und lange Nacherzählungstexte mit Worterklärungen stehen hier als Übungstexte zur Verfügung.
Der Schüler oder Student kann anhand dieser Kurzgeschichten seine sprachliche Beweglichkeit unter Beweis stellen. Kleine und leichte Stücke, die sich nur für Anfänger und wenig Fortgeschrittene eignen, wurden weggelassen.

Werner Reinhard

Übungstexte zur französischen Grammatik

9. - 13. Klasse

2. Auflage - 128 Seiten

Bestell-Nr. 0543-6

"Übungstexte zur französischen Grammatik" wendet sich an Lernende, die bereits einige grammatische Kenntnisse haben, sie jedoch festigen und vertiefen wollen. Es eignet sich aufgrund umfangreicher Vokabelangaben, sowie des ausführlichen Lösungsteils, zum Selbststudium und vermag bei Schülern ab Klasse 9 Nachhilfeunterricht zu ersetzen.
Die textbezogenen Aufgaben berücksichtigen insgesamt die wichtigsten grammatischen Gebiete, ein Register ermöglicht auch systematisches Vorgehen.

Alfred Möslein/
Monique Sickermann-Bernard

Textes d'étude

64 Seiten

Bestell-Nr. 0523-1

25 erzählende Texte aus der neueren französischen Literatur als Vorlagen für Nacherzählungen und Textaufgaben.
Durch unterschiedliche Längen und Schwierigkeitsgrade, sowie durch breitgefächerte Thematik eignen sich diese Texte als Lektüre und Ausgangspunkt für Diskussionen im Unterricht. In den "Suggestions" findet man einige Anregungen für Übungen, die sich an die reine Textbehandlung anschließen können. Die Worterklärungen sollen das Verständnis der Texte erleichtern.

Christine und Gert Sautermeister

Der sichere Weg zur guten französischen Nacherzählung

-Zur Methodik des Hörens und Schreibens im Französischunterricht-

118 Seiten

Bestell-Nr. 0534-7

Der erste Teil des Buches will auf die Bedingungen richtigen Hörens aufmerksam machen und Wege zum besseren Hören skizzieren. Der zweite Teil gibt Anregungen, die Grundrisse des Textes, der Gelenkstellen, Höhepunkte, Pointen nochmals zu vergegenwärtigen.
Spezifische Formulierungsprobleme der Nacherzählung entfaltet der dritte Teil.

Werner Reinhard
Kurze moderne Übungstexte zur französischen Präposition
120 Seiten

Bestell-Nr. 0568-1

In einem lexikalischen Teil gibt das Übungsbuch zunächst einen Überblick über die Anwendung der wichtigsten Präpositionen. Auch die Prärositonen als Bindeglied zwischen Verb und Objekt bzw. Infinitiv (vor allem à und de) wird berücksichtigt. Listen erleichtern dabei systematisches Lernen.
Im anschließenden Übungsteil kann der Benutzer seine Kenntnisse überprüfen. Vorherrschende Methode ist die Einsatzübung. Mit dem Lösungsteil eignet sich das Buch gut zum Selbststudium. Einsetzbar für den Unterricht in den Sekundarstufen.

Gemeinschaftskunde

Peter Beyersdorf
Die Bundesrepublik Deutschland
Arbeitsheft zur Sozial- und Gesellschaftskunde

Band 1:
Strukturen und Institutionen
mit Text des Grundgesetzes
124 Seiten
Bestell-Nr. 0507-X

Band 2:
Parteien und Verbände
84 Seiten
Bestell-Nr. 0508-8

Band 3:
Außenpolitische Entwicklung
72 Seiten
Bestell-Nr. 0509-6

Diese Reihe wurde vor allem für den Bereich der politischen Pädagogik geplant: für Lehrer und Schüler also in erster Linie. Das gilt für Gymnasien und höhere Schulen insgesamt, für Berufsschulen und nicht zuletzt für den großen Bereich der Erwachsenenbildung in den Volkshochschulen.
Jedes Heft enthält neben dem Textteil einen Dokumentenanhang und ein Literaturverzeichnis, darin wird auf spezielle, einzelne Themen vertiefende Bücher hingewiesen.
Mit Hilfe dieser "Arbeitshefte" wird es dem Benutzer möglich, die grundsätzlichen politischen Zusammenhänge unseres Gemeinwesens und die Struktur der internationalen Politik zu erkennen. Dazu werden nicht nur Daten und Fakten geboten, sondern zugleich auch deren Erklärung und Interpretation. Stand 1970!

Geschichte

Peter Beyersdorf
Geschichts-Gerüst
von den Anfängen bis zur Gegenwart
4 Teile in einem Band
228 Seiten

Bestell-Nr. 0551-7

Der Primaner, der das „Skelett" dieses „Gerüstes" beherrscht, sollte allen Prüfungsanforderungen gewachsen sein!

Das vorliegende Werk will kein Ersatz für bereits bewährte Bücher ähnlicher Art sein, sondern einem **Auswahlprinzip** huldigen, das **speziell auf Gymnasien,** kurz **alle weiterführenden Schulen zugeschnitten** ist. Daher erklärt sich die drucktechnische Hervorhebung des besonders Wesentlichen (Fettdruck).
Teil I: Von der Antike bis zum Beginn der Völkerwanderung (ca. 3000 v. Chr. bis 375 n. Chr.)
Teil II: Von der Völkerwanderung bis zum Ende des Mittelalters (375 – 1268)
Teil III: Vom Übergang zur Neuzeit bis zum Ende des 1. Weltkrieges (1268 – 1918)
Teil IV: Vom Beginn der Weimarer Republik bis zur Gegenwart (1918 – 1987)

Latein

Reinhold Anton
Die Stammformen und Bedeutungen der lateinischen unregelmäßigen Verben
Anleitung zur Konjugation von etwa 1600 einfachen und zusammengesetzten unregelmäßigen Verben.
5. verbess. Auflage - 40 Seiten kart.

Bestell-Nr. 0500-2

Oswald Woyte
Latein-Gerüst
Der gesamte Stoff bis zur Sekundarstufe II (Kollegstufe) in übersichtlicher Anordnung und leichtverständlicher Darstellung mit Übungstexten, Übungsaufgaben und Schlüssel.

Teil 1: **Formenlehre**
116 Seiten
Bestell-Nr. 0552-5

Teil 2: **Übungsaufgaben und Schlüssel zur Formenlehre**
144 Seiten
Bestell-Nr. 0553-3

Teil 3: **Satzlehre**
104 Seiten
Bestell-Nr. 0554-1

Teil 3: **Übungsaufgaben und Schlüssel zur Satzlehre**
72 Seiten
Bestell-Nr. 0555-X

jeweils 2. Auflage

Die vier Bände ersparen den Lernenden die Nachhilfestunden und bieten ein unentbehrliches Übungs- und Nachschlagewerk bis zur Reifeprüfung.
Der Autor hat aus seiner Praxis als Oberstudiendirektor die Schwierigkeiten der lateinischen Sprache für den häuslichen Übungsbereich aufbereitet und leicht faßbar erläutert. Lernanweisungen sollen das Einprägen erleichtern.

Friedrich Nikol

Latein 1

Übungen mit Lösungen für das erste Lateinjahr in zwei Bänden.

Band 1/**Erstes Halbjahr**
mit Lösungsteil
Bestell-Nr. 0634-3

Band 2/**Zweites Halbjahr**
mit Lösungsteil
Bestell-Nr. 0635-1

In beiden Teilbänden wird der gesamte Stoff des ersten Lateinjahres behandelt.

Latein 2

(2. Lateinjahr)

Bestell-Nr. 0638-6

Der lateinische Wortschatz ist in den Büchern genau angegeben und den verschiedenen lateinischen Unterrichtswerken angepaßt, die in den einzelnen Bundesländern zugelassen und eingeführt sind.
Bei gründlicher häuslicher Nachhilfe mit den Büchern wird der Übende immer mehr Freude an Latein bekommen und bald wird sich auch der Erfolg bei den Leistungen in der Schule zeigen.

Suchen Sie wortgetreue Übersetzungen und Präparationen zu Ihren Schullektüren römischer und griechischer Klassiker?
Sie finden in der **„Kleinen Übersetzungsbibliothek"** in 500 Bänden im Kleinformat wörtliche deutsche Übersetzungen.
Fordern Sie das ausführliche Verzeichnis an.

Mathematik

Bernd Hofmann

Algebra 1

Mathematikhilfe für die 7./8. Jahrgangsstufe weiterführender Schulen

216 Seiten

Bestell-Nr. 0580-0

Friedrich Nikol
Lothar Deutschmann

Algebra 2

Übungs- und Wiederholungsbuch für die 9. und 10. Jahrgangstufe

168 Seiten - Viele Abbildungen

Bestell-Nr. 0645-9

Helmut Kürzdörfer

Geometrie 1

Mathematikhilfe für die 7./8. Jahrgangsstufe weiterführender Schulen

232 Seiten

Bestell-Nr. 0581-9

Diese Bücher sind im wesentlichen auf den Lehrstoff des 7. bis 10. Schuljahres abgestimmt. **Sie gliedern sich in Kontroll-, Übungs- und Lösungsteil.** Ausgerichtet sind sie als unterrichtsbegleitende Werke auf Schüler und die ihnen hilfreich zur Seite stehenden Eltern. Nützlich sind sie aber auch wegen des großen und vielseitigen Angebots an Übungsaufgaben (mit vollständigen Lösungswegen) **für Lehrer.** Von ähnlichen Unterrichtshilfen heben sie sich durch die kurze, übersichtliche und verständliche Darstellung sowie durch gute Überprüfbarkeit der Kenntnisse ab. (Besprechung der Bibliothekszentrale, Reutlingen).

Lothar Deutschmann

Mathematik

Wegweiser zur Abschlußprüfung
Mathematik I, II und III an Realschulen

Anhang: Reifeprüfungsaufgaben mit Lösungen 1980/1981/1982/1983

168 Seiten + 121 Abb.

Bestell-Nr. 0644-0

Ein erfahrener Pädagoge erteilt Nachhilfeunterricht in Mathematik.

In anschaulicher Weise werden den Benutzern Aufgaben aus der Mathematik an Realschulen vorgeführt, erklärt und mit Lösungsweg und Lösungen beschrieben.

Ruth Kirchmann

Zielscheibe Mathematik

Wenn Schüler vor Mathematik zurückschrecken, liegt es häufig an den Lücken, die irgendwann entstanden sind und das Verständnis des ganzen folgenden Unterrichtsstoffes blockieren.
In diesen Nachhilfebüchern, die auch zum Nachlernen für zu Hause geeignet sind, finden sich Schüler schnell zurecht.

Dezimalzahlen

78 Seiten - viele Abbildungen
+ 8 Seiten Lösungsheft
Bestell-Nr. 0671-8

Johannes Lorenz

Mathematik-Gerüst – Unterbau

6. Auflage - 84 Seiten

Bestell-Nr. 0558-4

Sammlung von Formeln und Sätzen mit zahlreichen Musteraufgaben und vielen Figuren.

Inhalt: Zahlenrechnen - Algebra - Gleichungen - Logarithmen - Geometrie - Stereometrie - Trigonometrie.
Dieser Band richtet sich an den Lernenden, der in kurzer Form seine Kenntnisse wieder auffrischen möchte und anhand von Musteraufgaben Lösungswege rekonstruieren will.

Bis Sekundarstufe I.